陪孩子走过0~6岁敏感期

全程追踪0~6岁孩子的敏感期！

徐小东 著

中国妇女出版社

图书在版编目（CIP）数据

陪孩子走过0～6岁敏感期 / 徐小东著. -- 北京 ：中国妇女出版社，2019.10
ISBN 978-7-5127-1625-4

Ⅰ.①陪… Ⅱ.①徐… Ⅲ.①儿童教育－家庭教育 Ⅳ.①G782

中国版本图书馆CIP数据核字（2019）第140485号

陪孩子走过0～6岁敏感期

作　　者：徐小东　著
责任编辑：王海峰
封面设计：尚世视觉
责任印制：王卫东
出版发行：中国妇女出版社
地　　址：北京市东城区史家胡同甲24号　　邮政编码：100010
电　　话：（010）65133160（发行部）　　65133161（邮购）
网　　址：www.womenbooks.cn
法律顾问：北京市道可特律师事务所
经　　销：各地新华书店
印　　刷：北京中科印刷有限公司
开　　本：165×235　1/16
印　　张：19.5
字　　数：250千字
版　　次：2019年10月第1版
印　　次：2019年10月第1次
书　　号：ISBN 978-7-5127-1625-4
定　　价：49.80元

目 录

Contents

第三章　孩子的语言能力不是天生的

第四章　呵护孩子涂涂抹抹的兴趣

推荐序一

Preface

倾听孩子"成长"的声音

张梅玲
中国科学院心理研究所研究员、教授、博士生导师，享受国务院政府特殊津贴

当我看到徐小东精心撰写的这部书稿时，我一瞬间就被这温馨的书名吸引了，而且深深体味到本书的实质内涵。

我认为，没有尊重就没有爱，没有爱就没有教育。陪伴就是一种尊重、一种爱。但有多少父母能够静下心来，真心实意地倾听孩子"成长"的声音，细心、认真地观察孩子"成长"时的变化呢？

孩子来到这多彩世界的那一刻，就向我们宣告：我是一个独立的生命体，我就是我自己。教育是亲子之间、师生之间、同伴之间的一种平等、民主的对话，是心灵与心灵的真诚碰撞。父母要教育孩子成长为社会的人，首先就要认识孩子、读懂孩子，倾听他们的声音、了解他们的需要，这是父母的社会责任与使命。

作者是两个孩子的母亲，书中不少案例来自她的两个孩子及周围的小伙伴。10多年来，她又深入幼儿园、校外培训机构追踪研究，在实践中积累了丰富而有价值的材料。因此，本书的最大特点就是它具有鲜明的时代

性和针对0～6岁婴幼儿启蒙教育的可操作性。在关于敏感期、阅读、说话、绘画、情绪与性格等章节，作者通过大量的案例，为大家提供了切实可行的操作方法；在关于绘画、情绪与性格等章节，作者对装扮游戏和绘画中的儿童心理作了详尽的解读。总之，这本书可谓一读就懂，懂了就会做，具有极强的实用价值，这是本著作的第一个亮点。

作者是一个好学善思的母亲。她曾两度在中国科学院心理研究所攻读“（儿童）教育与发展心理学”等研究生班课程，并多次参加有关儿童发展与教育的学术会议。从2004年起，她还承担了多项有关幼儿教育的研究课题。她不仅能认真、虚心地学习理论知识，更可贵的是能带着问题不断思考，不断实践。她不仅十分重视知识的内化，而且更注重内化后的外化，即能在实践中把知识转化为切实可行的方式方法。

作者明确提出，婴幼儿在成长中不仅有“外显性敏感期”，还有“内隐性敏感期”，她将情绪、性格、心理也纳入婴幼儿养育重点，提出了0～6岁婴幼儿“身、心、智共同发展的整体养育观”。以往心理学工作者对情绪、性格等领域也有过不少研究，并且提出了一些婴幼儿发展中的敏感期，但没有明确提出“内隐性敏感期”这个概念。我十分认同作者的观点。上述概念的提出，显示了本著作的理论价值，这是本书的第二个亮点。

作者是一位富有挑战性和创造性的婴幼儿教育工作者，本书在某些方面填补了国内婴幼儿“身、心、智”系统科学培育指导的空白。这种带着挑战性问题进行学习和带着理论性问题付诸实践的探求精神，值得我学习。只有像这样有人能潜心去研究、去实践，只有像这样一代接一代地传承与接力，我们的理论研究才能向前发展，我们的理论研究才能造福于生活实际。

最后，作为徐小东的两度任课老师，我也算是她的一位朋友。我要感谢将这部著作付梓的中国妇女出版社，以及为此作出努力的朋友们。有了你们的支持，才能让更多为人父母的读者有机会细心倾听“花儿开放”的声音，才能让孩子在爱的阳光下绽放更加绚丽多彩的笑容，让孩子拥有更加美好的明天。

推荐序二

Preface

让你的“爱”与孩子的“心”相遇

赵宏
国家二级心理咨询师、婚姻家庭指导师、家庭教育指导师、EAP咨询师

10多年前，与徐小东老师初识在中国科学院心理研究所的教室里，那是个美丽的相遇。美丽不仅在于徐老师的不俗谈吐与优雅气质，更在于她对教育的独到见解以及我们彼此在教育理念上的心灵共鸣。10多年间，徐老师在教育领域不断探索，尤其在婴幼儿教育领域多有突破性成果。徐老师十分注重将理论运用于生活实践性、可操作性的研究，她承担的全国教育科学规划“十五”重点课题子课题研究成果——《儿童情景说话阅读》，作为一套幼小衔接的语言智力课程，得到全国各地幼儿园、培训单位的认可和赞许，也深得孩子和家长的喜爱。在早期教育领域，徐老师深入探索、执着追求的精神令我钦佩，我也深切感受到她肩上的使命感和教育梦是多么真诚。

当徐老师邀请我为这本书的部分章节、段落从“心理”的角度予以点评时，我的内心不禁漾起阵阵感动：市面上的育儿书籍往往是让读者知其然就够了，但徐老师不仅要让父母知其然，还希望从教育理论和心理学的

角度让父母知其所以然，我很是感动于徐老师的用心。10多年的心理咨询工作中，我接触了很多个案，深切感受到健康的心理、健康的人格对一个人是多么重要！而心理、人格的形成从生命早期即婴幼儿期甚至胎儿时期就开始了，这时父母的养育理念和养育方式对孩子心理与人格的形成起着至关重要的作用。我的来访者小到学前儿童、中小学生，大到年过六旬的老人，早期心理创伤长期缠绕着他们，以至于影响了他们的心理、行为，乃至日后的生活。在陪伴他们从痛苦中走出来的过程中，我真切感受到：人世间最伟大的爱来自父母，而最严重的伤害也来自父母。很多伤害甚至是在爱的名义下进行的，而这种错位的爱与伤害还在一代一代地延续。从心理视角看教育方式，最理想的模式就是我们的教育从一开始就要符合孩子心理成长的规律，并为孩子人格的健康发展打好基础。

这本书是一本操作性很强的育儿书，徐老师通过大量的案例追踪与长期研究，生动地向我们展现了“心理”在婴幼儿成长中的重要性，通过一个个幼小的身躯、一个个稚气的动作、一句句稚嫩的话语、一遍遍重复的游戏、一幅幅彩色抑或黑白的图画，使“婴幼儿心理”这个听起来深邃缥缈的词，真真实实地展现在我们面前，让我们如梦初醒！让我们恍然大悟！原来是这样！原来这就是婴幼儿心理，原来这就是小小宝贝的心理成长与心理需求。

10多年间，我经历了人们对心理学、心理咨询在观念上的巨大转变，从认为心理学、心理咨询仅仅是服务于抑郁症、强迫症等心理疾病患者，到现在越来越多的人认识到心理学、心理咨询更大的价值是服务于遇到心理困惑的健康人群。这种认识上的转变正是因为有了像徐老师这样一群研究者、实践者，他们为大家揭开了教育学、心理学的神秘面纱，带领大家将“硬邦邦”的理论运用到生活实际中，将生涩的理论词汇转化为一句句生动的话语、一个个有效的行为。做父母是这个世界上最容易上岗但却很难胜任的职业，掌握儿童心理是准父母和为人父母者的必修课，这样才能真正了解孩子的内心世界，从而更切实有效地引导孩子健康成长。英国儿童心理学教授鲁道夫·谢弗说："儿童令人着迷，他们明显有潜力发展出成熟个体才具有的各种能力；另一方面，他们具有只在他们那个年龄段才具有的能力和特点，需要我们去承认、尊重和关注。"这本书便是遵循"承认、尊重和关注"原则的实用指南，它将带着你一步步走近孩子，一步步朝着合格、称职及优秀的父母前进。

衷心希望本书能够从心理学角度给大家一些助力，更希望本书能唤起大家主动关注儿童心理的热情，让你的"爱"与孩子的"心"相遇！

爱，就是爱，没有伤害。

自 序

Preface

养育孩子，父母不能想当然

当大女儿16岁时，我又生了一个孩子。这样，她们姐妹俩的年龄相差16岁，而我也是超过40岁的大龄妈妈了。现在，小女儿桔子6岁，马上上小学了。大女儿卡拉已满22岁，刚从美国波士顿Emerson College电影系电影声音设计专业毕业。

她们俩是姐妹，但也是不同时代的人，按照现在“80后”“90后”“00后”的提法，她们应该是相隔一代半的人了。

如果你问，近20年心理学研究领域哪个方面发展最快？那我要告诉你，是婴幼儿认知与心理研究领域。

20世纪90年代初，国外先进的育儿理论和经验还没有系统地传入我国，那时很多人还没有早教、早期智力开发等概念；那时没有教育意义上的绘本，适合婴幼儿看的书籍寥寥无几；那时不少电视机还是小小的屏幕，黑白的；家用电脑与互联网的普及则是2000年以后的事，更不要说现在普遍流行的智能手机、平板电脑了；那时适合婴幼儿观看的视频节目几乎没有……

而今天，早期教育的理念已在我国普及并深入人心，早期教育的实施已非常具有可操作性，有了不少先进的、易操作的早教课程。比如，儿童画学习从传统的以描摹为主的方式向创意美术、美术智力开发等方向发展；适合婴幼儿阅读的绘本呈爆炸式增长；专门为婴幼儿制作的视频节目也已深入孩子的生活……

除了外部环境的变化，我们的家庭环境也在变化着。

大女儿上幼儿园时，我从未站在幼儿园门口等着接她，她在学前班时总是最后被接走。我与老师几乎没有什么交流，孩子在幼儿园或学校的很多状况我都不知道。而现在，除了每天接送小女儿，我还经常与班级老师、其他小朋友的家人交流。上学时，我和她唱着歌、小跑着、笑眯眯地进入幼儿园；放学后，我和她手牵手说着有趣而特别的事，然后在楼下疯跑，去同学、朋友家做客……从小女儿出生起，我的陪伴就没有间断，并且在她入睡或上幼儿园后，我还要花大量时间整理她的照片，为她画的画写上说明和分析，对她的语言、行为、情绪反应以及周围的人和事进行记录……因为这个时候，我已经是一名教育及心理工作者了，我知道了如何从教育与心理的角度发现、分析、判断和引导孩子的行为及各种状况。

大女儿小时候，我陪伴她的时间很少，现在回想起来有许多遗憾与愧疚之处。但值得庆幸的是，我抓住了她的第二个成长期，在她上小学高年级时我都在她身边。我每天给她做饭，陪她吃饭；和她聊学校的事，聊同学，聊各种社会新闻事件，偶尔也聊我的工作。有时我们一顿饭要吃上一两个小时。她在我面前没有什么顾虑，我不会因为意见不合而横眉怒目、横加指责。这样的陪伴使她的身心得到了很好的发展，也培养出了我们到现在仍然十分交心的母女关系。

而小女儿呢，可能更加幸运。她的幸运来自多方面，她生在一个重视婴幼儿脑科学、早期能力发展的时代，有一个温暖、和谐的家庭，有爱她的爸爸、姐姐，以及一个在全新的婴幼儿养育观下陪伴她成长的妈妈。

世界著名早期教育专家、哈佛大学伯顿·L.怀特曾主持过一个耗资巨大的研究项目——哈佛学前项目（1965～1978）。项目组在10多年时间里深入2000多个家庭，搜集了大量的一手材料。但即便这样，怀特还是认为“亲身体验观察法”才是心理学研究中最好的方法。被视为“儿童心理学之父”的德国心理学家普莱尔、瑞士著名心理学家皮亚杰正是通过对自己的一个或几个孩子进行观察和记录，从而在儿童心理学的研究方面取得了很高的成就。

对此我也深有同感。几年来，通过对小女儿成长历程的持续追踪和对上百例同龄儿童的阶段性追踪，通过对许多教育及心理学原理的实际运用，我对于婴幼儿养育有了一些新的思路与想法。这在本书中主要体现在以下三个方面：

一是注重婴幼儿“身、心、智共同发展”的养育观。

与我国传统的“3岁前在家里吃好睡好、长高长壮，3岁后送进幼儿园给老师教育”的养育观不同，越来越多的研究证明，0～6岁是孩子身、心、智的第一个黄金发展期，与10岁左右的第二个黄金发展期相对应。所以，与现在市面上以婴幼儿身体照顾与机体能力发展为主的养育类书籍不同，也与单纯的敏感期普及类书籍不同，我在书中提出了0～6岁婴幼儿“身、心、智共同发展”的养育观，特别注重从身体能力发展到心理能力发展再到智力能力发展的全方位培育。

二是将婴幼儿成长中的泛敏感期概念，细化为“外显性敏感期”与“内隐性敏感期”，将情绪、性格、心理也纳入婴幼儿早期养育的范畴。

在实际养育中，我深深体察到，以前我们更注重孩子在敏感期的行为与能力方面的发展，这些都是外显的，在日常生活中看得到、感受得到。但与此同时，我们不能轻易感受到孩子的内在也在发生着变化，也在成长，比如，情绪、性格、心理。特别是在4～6岁，这个特点更加明显。所以，在观察和记录时，我就在泛敏感期的概念下进行了细分，将敏感期细化为“外显性敏感期”与“内隐性敏感期”：

“外显性敏感期”是婴幼儿成长过程中的那些我们能看见、能感受到其发展过程的行为和能力的最佳发展期。

“内隐性敏感期”主要指我们不能明显观察到的，孩子也碍于年龄无法明确表达的情绪、性格、心理等的最佳发展期。它们往往是在基本成形后才凸显出来，常常让大人“措手不及”，因此大人常常会抱怨“这孩子怎么这样”。

三是从教育学和心理学的角度提出了许多鲜明的观点与量化指标，并提供了大量的实操案例，具有非常强的参照性和可操作性。

“家庭教育”是一个漫长的过程。从孩子0岁时播下种子，到20岁左右盛开花朵，再到40岁左右收获果实，我们才能看出当初我们所做的培育、引导是否正确，而不是仅以花朵“艳丽”便判定果实“丰硕”。因为有一些花朵虽大而绚丽，却注定结不出果实；有一些花朵小而普通，却总散发着生命力的光芒。

在这里，我要特别感谢本书的特邀心理顾问赵宏老师。我邀请赵宏老师对本书相关内容进行点评主要有两个原因：一方面，赵宏老师是心理咨询方面的专家，是国家二级心理咨询师、婚姻家庭指导师、家庭教育指导师及EAP咨询师，她擅长青少年心理咨询、亲子关系咨询、婚姻关系咨询、职业发展咨询以及企业EAP心理咨询。在本书中，赵宏老师从专业角度对我提出的许多观点进行了点评、指导。另一方面，赵宏老师也是一位优秀的母亲。她的女儿现已获得悉尼大学硕士学位。在女儿的成长过程中，赵宏老师十分注重孩子综合能力的培养，并尊重其个性发展。在女儿成长的每个阶段，无论是经历快乐还是冲突，无论空间距离远近，她们都始终保持着融洽、和谐的亲子关系。

最后，我还要特别感谢我的导师——中国科学院心理研究所张梅玲教授，感谢她对我的教导，感谢她对我的鼓励和支持，感谢她对我提出的理论观点的认同。

爸爸妈妈们，一起来吧！了解、发现孩子成长过程中的秘密，在孩子的成长过程中做一名合格的引导者与促进者！

徐小东

2018年12月于杭州

第一章

捕捉0～6岁孩子的敏感期

最好的养育不仅是养，更是“育”

▼

养育不仅是养，还得有“育”

男孩涵涵，5岁多了，长得又高又壮。

这几天，他在幼儿园一点儿饭都不吃。老师用各种好吃的百般“诱惑”他，他都一律拒绝。老师问他为什么不吃饭，他也不说话。小朋友们都说，他有几天没说话了。

不仅这样，几天后涵涵还攻击了班上的一个男生：他跳起来把那个男生的头压在身下，那个男生的头磕在地板上受了轻伤。

因为课题研究的缘故，我们与一些幼儿园、学前班、课外班有合作。有时为了研究特定教学方法在儿童个体间的差异，我们还会进班，持续跟着一个班一段时间，仔细观察孩子的行为习惯、性格特点及学习方式，以调整我们的研究方法与研究策略。

涵涵是我从他小班起就开始关注并一直追踪观察的一个孩子。下面也是我对他的观察：

中午时分，小朋友们分成两排坐好吃午饭。不管是面对面坐，还是并排坐，他们都会边吃饭边相互聊着，说着时下流行的话题，述说着相互的关注：“他是我老公。”“不，他是我老公。”……他们相互看着对方，有的张开嘴让对面的小朋友看自己嘴里咀嚼的食物，有的会伸出舌头搞怪……

涵涵一个人坐在长条桌的一端，他对着一整桌的小朋友，可是又相当于谁也没对着。他一个人默默地吃饭，一个人自言自语。他这几天只吃米饭，有时只喝汤，菜和肉碰都不碰一下。

因为晚上7点就被要求上床睡觉了，所以涵涵午睡时通常很难睡着。但是涵涵从来都不因为自己睡不着而吵闹，漫长的两个半小时，他就把自己埋在被子里。

上课时，有的小朋友听得很认真，两眼放光，还不停地举手提问；有的小朋友不怎么接话，但注意力很集中，听得也很认真；还有的小朋友呆呆地坐着，老师很少叫到他们，即使被叫到，他们也不怎么应答。涵涵就属于最后一类。

涵涵为什么会这样？这似乎不是我们一下子就能回答的问题。

在日常生活中，我们都能够感受到，孩子3岁之前，我们主要关注的是“养”的成果：多高了，多重了，会不会说话，是不是容易生病，生病了怎么调理……可是过了3岁半，等智力、情绪、性格方面的特征大大地显现出来，家长们的话题更多地转向了：

他很爱听故事；

他很爱画画；

他很爱跟小朋友玩儿；

他的话可多了，很爱给小朋友讲故事、讲笑话；

他很爱下棋；

他很爱搭积木；

他很爱唱歌、跳舞；

做喜欢的事，他可以坚持很长时间；

他在学某件事时一点就通，还喜欢上台去讲；

他坚持要学小提琴；

他每天都笑眯眯的；

……

或是：

他不爱画画，最近连画完一幅完整的画的耐心都没有；

他上课坐不住，中午休息时也不睡觉；

他经常生气，总和老师、爸爸、外婆唱反调；

他在课堂上从不举手回答问题，老师叫他，他也不怎么回答；

他经常发脾气，稍不如意就大声嚷嚷；

他到现在都还不能安静地坐着看书，拿起书就撕；

他做事很磨蹭，在幼儿园做“工作”（蒙台梭利教学法）需要他自己选玩具和工具，他半天都选不好，选好了也要在教室外站好久，就是不肯进去；

他的东西别人不能碰，他玩别人的东西就可以；

只能表扬他，他对别的小朋友总是恶语相向；

……

在父母热衷的这些话题中，我们可以感受到孩子的兴趣爱好、行为习惯、积极或消极的精神状态、表达与沟通的方式以及智力发展的状况。

我曾经见过一位奶奶，在孙子两三岁时很以高大健壮的孙子为荣，只要一有人搭话，她就会向对方炫耀自己是怎样“养”孙子的。把一个早产儿养得那么好的确不容易，周围的家长都非常羡慕，常常围着她讨教养育经验。可是等孙子4岁多的时候，这位奶奶聊天的兴致却越来越少了，因为孙子明显地在“育”的方面出了一些这样那样的问题。在别的家长谈论孩子越来越多的进步时，这位奶奶却越来越闷闷不乐了……

养育，不仅要有养，还得有育。

育得好，孩子才能有好的发展

我们传统的养育观念是：3岁前主要是“养”，让孩子吃好、喝好、睡好；3岁以后送进幼儿园，由老师去教育。这样就万事大吉了？

现在不一样了！

近二三十年婴幼儿脑科学研究表明：从出生到6岁，是孩子身体与大脑迅速发育发展的黄金时期之一。也就是说，0～6岁是孩子身、心、智发育发展的奠基期。奠基好了，就像一颗种子埋进适宜的土壤，然后配以适当的水分和阳光，它便能生根、发芽甚至茁壮成长。因此，养育至少应当包含“身、心、智”三个方面：

身——身体、体能；

心——精神、心理；

智——智商、智能。

可能你会问：婴幼儿有心理吗？有心理活动与心理需求吗？

我想告诉你：有！不仅有，而且从出生第一天甚至从胎儿期就有了。

不知你感受如何，孩子生下来后，我的感觉不再是与她彼此拥有，而是彼此分离了。为什么呢？孩子生下来后，除了喂奶时我可以抱着她、轻轻抚摸她，其他时间她都被护士、护工抱走，或是独自躺在自己的小床上。作为母亲，我可以感觉到来自她小小生命的内在不安：惊觉、轻轻的啜泣、抖动……午夜时分，我悄悄把她抱过来放在身边，用手臂环绕着她，给她温暖并轻抚她。很快她安稳多了，睡得十分香甜。隔壁床的婴儿早产一个月，他一整夜都在哭泣，显示出离开母体的不适。后半夜护工把他抱在怀中后，他才睡安稳了。这就是饥饿之外的需求，是源自精神与心理上的需求。

讲理论可能太抽象，那种总结性的话语我们已经见过很多，让我们一起通过我的亲身经历和一些案例看看那些抽象的概念——“感觉统合”“敏感期”“智能”“情绪”“性格”等在实际生活中是怎样的。

小女儿桔子4个月时，我带她去了三亚。我的父母每年都在三亚过冬，我们有一个很好的家庭氛围。11月的江南，4个月大的婴儿已经穿上了厚厚的棉袄，而且那年下雪特别早，11月中下旬就下雪了。孩子的两只手总支棱着，根本无法活动，更不要说每天外出晒太阳、游泳、洗澡了。潮湿阴冷的天气，阿姨只能每天抱着她透过玻璃窗看外面的世界。而到了三亚以后，11月还完全是夏季的气候，桔子经常只穿一件连体服外出。我们常在沙滩上铺个垫子然后把她放上去。游客们看见后，都会过来围观这个小胖子。

很快，也就是5个月左右，桔子学会了翻身；6个月时可以坐在草地上揪草玩儿；7个月时能一个人好好地坐在婴儿椅上等着喂饭；8个月时学会了爬；9个月时开始抓笔涂鸦，看识物小书；到10个月时，桔子最喜欢的就是让我们扶着她在户外的椅子上、草地上或在家里迈着大步走路。11～12个月时，她就能在大人的帮助下小跑了。这时，她最喜欢玩这样一个游戏：她拉开厨房的橱柜，从里面拿出大汤勺或铲子，然后转身就“跑”，等着大人发现她并大声叫喊着从后面追她。有时没听见你追赶她的声音，她还要回过头来看你、逗你。那时追赶与欢笑是我们家的主旋律。

到12个月时，桔子会走了。15～16个月时她会独立下小桥的台阶（大约是半个楼梯台阶的高度），晚饭后绕着小区散步，她能走4圈儿。她有结实健壮的双腿，几乎从不坐婴儿推车。

我记得，当桔子10个月大从三亚回到杭州后，她与本地的同龄孩子有了鲜明的对比：小区院子里的孩子刚刚脱掉厚重的棉袄，一个个支棱着胳膊坐在小推车里晒太阳，并不怎么活动；朋友家刚过完冬的孩子10个月了还不会翻身，也不会爬；邻居家16个月的孩子还得用学步带扶着走。

我以为，并不是桔子身体的先天条件有多么棒，她只是在适合的时间顺应身体发展的本能需求，较快发展出了相应的能力。

感统问题，也与早期养育方式有莫大关系

为什么现在越来越多的孩子有感觉统合方面的问题，年龄再大一些还会出现情绪与性格方面的问题？实际上，这都与婴幼儿时期身体动觉能力的激发有关。

谈到这里，我们有必要了解一下感觉统合的概念。感觉统合是什么？

“感觉统合”理论是由美国南加州大学临床心理学专家爱尔丝博士于1969年提出的。感觉统合是指机体在特定的环境内有效地利用自己身体各部分的感觉器官，以不同感觉通路从环境中获得信息并输入大脑，大脑再对输入信息进行加工处理（包括解释、比较、增强、抑制、联系、统一），然后做出适应性反应。

感觉统合失调则是指外部的感觉刺激信号无法在大脑神经系统进行有效的组合，从而使机体不能和谐地运作，久而久之形成各种障碍并最终影响身心健康的状态。有数据显示，现代化都市家庭中约有30%甚至更多的孩子存在不同程度的感觉统合失调的问题。感觉统合失调的成因，可能与剖宫产有关（婴儿出生时脑部没有经过产道的正常挤压），也可能与婴幼儿时期运动、感觉、触觉能力发育不良等有关，所以我们一定要适时地激发孩子的动觉能力。比如，四五个月就会翻身的孩子，身体的平衡机能会发展得更好；在运动中（包括跑、跳、踢球、打球、过平衡木等）会有很好的表现，比如，又快又稳、身体协调、手眼及手脚配合好、平衡能力强等；对空间、平面位置的定位能力也更强。

以桔子为例。1岁时她在小区的大门口见到一只关在笼子里的鸡，印象很深。当她想看鸡时，或你跟她说去看鸡时，她都会准确地指出大门和鸡笼所在的方向。我家所在的小区很大，有好几个门，道路、方位较为复

杂，但不管身在何处，她都能准确地指出大门和鸡笼所处的方向。

到两三岁时，有时坐车路过某些地方，或去过一次的地方，隔很长一段时间再路过或者再去，比如隔上5个月，她都能准确地说出在这些地方经历过的事情及这些地方所处的方位。比如她可能会说，上次我们看某部电影时是从这边的楼梯上去的。

爬，可以促进动作的协调，促进身体各部分的配合，促进左右脑在认知上的协调，刺激大脑前庭的发展，这一点我深有感触。大女儿卡拉是夏天出生的，到6～7个月大时刚好是隆冬，每天穿着厚重的棉袄，行动困难，所以根本没学会爬。卡拉到4～5岁以后，书写就一直有左右颠倒的问题，比如，3、7、C的书写总是反着写。你可能会说左右、上下颠倒是四五岁孩子书写时常见的现象，但卡拉到了小学也是这样，念词语、看数字时总是顺序颠倒（家长往往认为这是粗心），甚至到高中时还会把一个句子中的词汇念颠倒，常常影响考试成绩。还有些孩子大了以后常常发脾气，情绪控制能力较差，这与大脑前庭的发展也有关系。

有些家长对此不以为然：翻身、爬有什么难？5个月不会10个月总会了，10个月不会1岁以后总会了吧！其实，翻身、爬对于5个月和8个月的婴儿来说是一项巨大的挑战，这个过程包括：

1.认识，感知自己的身体。

2.指挥，协调全身一起运动，达成目标。

3.坚持，努力，磨炼意志和胆量。

4.不能达成目标时该怎样应对。

5.借助行动形成自己的意志——要仰着躺还是趴着躺，要仰着睡还是趴着睡。别小看这个动作，这可是小婴儿掌握的第一个主动权，几乎是他自主行使的第一项人身权利。

正因为是巨大挑战，翻身和爬就成了对大脑的强烈刺激。5个月、8个月是大脑和肢体相应能力养成的关键时期，婴幼儿会努力地“学习”，并且乐此不疲。你想，一个1岁多的孩子都会走了，他还能经常热衷于练爬吗？这时能给大脑带来刺激的初级运动已被更高级的身体协调运动所取代，翻身、爬这些初级运动已经不能给大脑带来相应的强刺激了。这就是适时发展的意义。

有调查显示，“感觉统合失调”的儿童90%以上不会爬行或爬行时间很短。还有一些问题，包括肢体动作上的、情绪上的、性格上的，在孩子小的时候感觉不到，到小学后就会慢慢表现出来。日常生活中有些孩子总是在某些地方与别的孩子不一样，这可能就是因为在婴幼儿期没有爬够、没有动够。

七八个月以后，宝宝的小手更灵活了，他们很想挥舞着自己的小手做点儿什么。这时他除了抓、摇和吃手以外，已经可以开始玩两根食指相逗的“虫虫飞”，或用手指抠小洞洞了。这时我常给桔子玩的是电梯按钮、CD机按钮和牙签罐。

看着大人按电梯按钮的样子，桔子很想模仿，一走到电梯边她就会伸出手指，所以上下电梯我都会让她按按钮。但是，几个月大的孩子力气还小，常常按不亮，我就让她多尝试。后来她力气慢慢大了，按一个按钮不过瘾，我就叫她帮助其他乘客将所住楼层的按钮也按上。

从七八个月到1岁多，按各种电器的按钮是婴幼儿最热衷的事情之一。那小小的按钮能指挥各种机器，而他小小的手指能指挥这些按钮，这对他们来讲是很神奇的事情。这也是大多数家长都在制止、追在孩子身后喊“不”的事情。而我的做法是，在桔子7个多月时给了她一个CD机，让她按个够。

我家的CD机是那种大肚子上开盖式的，盖子旁边有一个小小的按钮，一按这个按钮，盖子就开了，露出了里面正在播放的碟片。当然，碟片会很快停下来。自从发现了CD机的秘密，桔子就经常守在它旁边。这样，除了放音乐的时间，我就把这个CD机给她玩儿（断电的情况下）。她在7个月、8个月、9个月时经常投入地玩这个“按钮与盖子的游戏”。这个游戏玩好了、玩够了，她就再没有满屋子乱跑去按其他电器的按钮了。

后来，桔子还发明了将小东西（如短点儿的画笔、小橡皮、小玩偶之类）放进CD机然后合上盖子的游戏。咦？东西都不见了，她摊开双手看着我，接着她按下按钮打开盖子，东西又出现了。这也正符合婴幼儿这个时期开始探寻“东西去哪儿了”“它消失了，然后又出现了”的认知能力的发展。这种游戏有点儿类似于你拿一块小毛巾与他玩躲猫猫或“妈妈不见了”的游戏。

俗话说：十指连心。其实手指不是连心，而是“连”脑。研究证实，手的神经反射区在大脑皮层所占面积最大，经常活动手指或用手指触碰各种不同材质的物体，可以刺激和促进婴幼儿大脑发育。

再说说牙签罐游戏，你肯定觉得不可思议。是的，就是那种塑料牙签罐，盖子上有4个洞，其中一个洞比较大，另外3个洞小一点儿。这种牙签罐，孩子甚至可以玩上一年半载，乐此不疲。为什么？因为9个多月以后，正是宝宝对细小事物感兴趣的时候，他们开始注意观察细小事物，小手越来越灵活，手眼协调能力正在快速发展。

让宝宝坐在宝宝椅上，在他等着吃饭时，或他吃饱后你刚开始吃饭时，你看护着他，让他将牙签一根一根地插入牙签罐盖子上的小洞。开始的时候用大洞，逐渐熟练了再用小洞。为了使牙签游戏更安全，不要用太细太尖的牙签，不要用两头都尖的牙签，或者可以将牙签的尖端用剪刀剪掉。还有就是让宝宝坐在你身边，你看着他玩儿。插牙签游戏可以很好地满足宝宝手、眼、脑协调发展的需求，培养孩子的持续注意力。与牙签游戏相媲美的活动是用剪刀，2岁以后就可以开始了（在后面的章节中会详细讲述）。

婴幼儿应该怎样运动才能增强体力和改进协调性？婴幼儿的大脑又应该怎样开发？有什么诀窍吗？婴幼儿的心理应该怎样培育，以使他养成积极、乐观和正面的心态，以减少消极与叛逆？从上面这几个小小的例子，我们可以看到发展与教育心理学原理在心肺活动、肢体运动、手眼协调、注意力持续、空间智能等感觉统合训练上的应用，也可以看到婴幼儿勇于探索、勇于尝试的正面心理导向的建立。

这不仅仅是养，也是育，或者更是育。

等孩子大了，他们可能出现这样那样的一些问题，做家长的常常为此埋怨他们，有些问题改起来或改善起来很难，要花很长时间。但这些问题之所以会出现，其根源就在于他们小时候——甚至是婴儿期——应该具备的一些能力没有养成，被你、被爷爷奶奶或者外公外婆以权威的姿态、以爱的名义制止了，“哎哎哎……”“别别别……”“不行不行不行……”……你不给他创造适合的条件，只会以大人的权威指责和制止，问题的种子就是在那时埋下的。

我常常带着桔子在室外玩儿，有时整个上午都在外面玩儿，我经常对她说“宝宝快来看！”“宝宝，去追哥哥！”“好的，可以呀！”“没关系，勇敢！”“没事，回家洗洗！”……要不就是轻声细语地、耐心温和地与她交谈。与此同时，我们身边不一会儿时间便充满了大人尖厉的呵斥声，随之而来的是孩子无奈的哭嚷声。而这些尖厉的呵斥声便是孩子长大以后叛逆的根源，是孩子天生的好奇心逐渐丧失的罪魁祸首。

4岁以后，总说“我偏不”、打人、不吃饭、注意力涣散、问他问题不回应等问题，都是婴幼儿期养育问题的折射，是孩子对你之前长期的“哎哎哎……”“不不不……”的回应。比如，本文开始时讲到的涵涵，他连续几日不吃饭便是内心叛逆的一种表现。5岁的孩子已经有了一定的自我意识，他需要展示自我，夺回属于自己的权利。在别的事上他可能因为受到强力压制没有办法抗争，可吃饭用的是自己的嘴，他不张嘴，看你们大人怎么办。这是一种自虐性的叛逆与自我追寻。而他对其他小朋友的攻击，则是对郁积情绪的一种宣泄。

这也是“他为什么不吃饭？”“他为什么打人？”等这些看似平常的问题的深层次原因。

刚刚过去的这二三十年，是婴幼儿脑科学与心理研究发展最为快速的时期，与之相对应的，是我们走过了以“身体养育”为主的传统养育模式，经历了以强调“智力开发”为主的机械的灌输式养育时期，迎来了包含身、心、智共同发展的科学的养育时代。科学养育就是从孩子一降生，从婴幼儿时期起，家长便将其当成一个有自主意识的个体看待，通过科学养育，实现身体、智力与心灵的同步发展。

来吧！让我们一起加入这个伟大的践行行列！

认识孩子美妙而神奇的敏感期

▼

美国著名心理学家布鲁姆在总结了很多相关的研究资料后得出结论：

如果把一个人17岁时达到的智力水平定义为100%，那么1岁时可达到17岁时智力水平的20%，4岁时可达到50%，8岁时可达到80%，13岁时可达到92%。

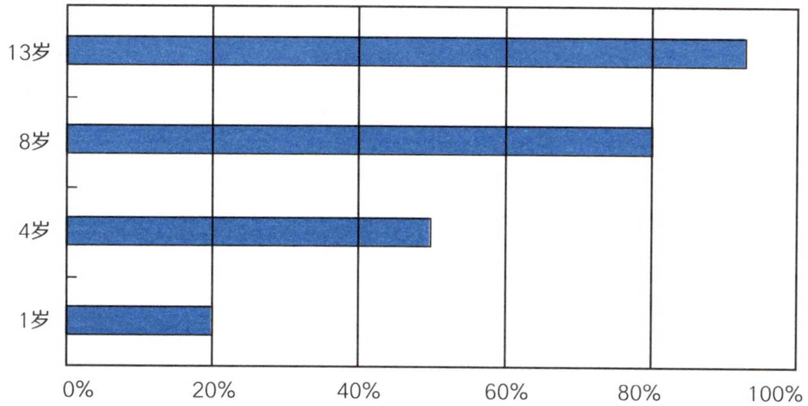

与我国的俗语“3岁看大，7岁看老”不同，布鲁姆的结论似乎在告诉我们“4岁看大，8岁看老”的说法更科学。

要在4岁时完成17岁时智力水平的50%，8岁时完成17岁时智力水平的80%，孩子就需要在人生最初的几年快速进入并很好地度过各项能力发展的敏感期，以此促进各项能力的快速发展。

敏感期，也叫关键期，用通俗的语言说，就是人脑不同的神经环路发育成熟的时间是不一样的，所以在不同的发展阶段，孩子的大脑对于该学什么东西有一定的倾向性、敏感性。消极的经验或缺乏适宜的刺激很有可能对孩子大脑的发育产生严重而持续的不良影响。

最先在教育领域提出并应用敏感期理念的是意大利教育家玛利亚·蒙台梭利。她在自己的教育实践中发现，儿童在某一时期对某些技能特别敏感，在敏感期内开发智力其效果事半功倍，而错过敏感期则事倍功半，甚至可能造成永远无法弥补的遗憾。同时她还认为，婴幼儿智力发展的各个阶段是有次序且不可逾越的；每个孩子都以相类似的顺序，由低向高地跨越智力发展的各个敏感阶段。

在蒙台梭利开拓性工作的启发下，世界各国的教育工作者对敏感期逐渐有了认识并重视起来。随着现代脑科学的进一步发展，有些国家的政府和相关研究部门也越来越重视关键期（敏感期）理论在教育实践中的应用。1994年4月，时任美国总统的克林顿专门召开了一次有众多科学家参加的特殊会议，会议的主题就是儿童发展的关键期，具体涉及如何应用关键期理论以及开展这方面的研究工作对国家和社会的意义所在。

下面，我们就一起认识一下美妙而神奇的敏感期。

视觉敏感期：从出生就开始了

婴儿出生后第二个月就开始对明暗相间的地方表现出极大的兴趣，黑白相间的地方比彩色气球对他更有吸引力。3个月时他就能追随镜子等视觉道具转动头部，或是开始凝视黑白图片。

听觉敏感期：从出生就开始了

宝宝喜欢有声音的环境，喜欢节奏与韵律。

口腔敏感期：从出生不久持续到1岁多点儿

无论大人怎么阻止，宝宝总喜欢把手放进嘴里并且吃得津津有味。

动作敏感期：大肌肉1～2岁，小肌肉1.5～3岁

也可细分为手的敏感期、腿的敏感期以及手眼协调敏感期。在手的敏感期，宝宝热衷于触摸各种东西，喜欢抓、捏、摇、拽、扯、撕、打（其实只是在练拍）等。在手眼协调敏感期，宝宝喜欢用手指抠小洞、按按键、翻书页，然后是学习并热衷于用剪刀剪。在腿的敏感期，宝宝热衷于蹬、站立、下蹲、走、跳、跑、踢、蹦、上下小坡、走路沿、走高低不平的地方等。

感觉敏感期：0～12岁

最有代表性的是玩水、玩沙，再就是与亲人的肌肤相亲，如抚摸和拥抱。

空间敏感期：从半岁以后开始

开始时爬、抓、移动物体；大一点儿后则喜欢爬高、旋转、扔东西、躲猫猫，喜欢把物体垒高，然后推倒重来。

语言-言语敏感期：0～6岁

0～3岁是口头语言的敏感期；5～6岁是文字、书写的敏感期。阅读敏感期可以延续到12岁。

绘画敏感期：1岁左右开始，4～5岁进入高峰

对涂抹、着色、画形有浓厚兴趣。

音乐敏感期：从出生就开始了

听到音乐就能产生相应的感受，会随之手舞足蹈，寻找节奏感。

秩序敏感期：2～3岁

先做什么，后做什么，有一定之规；喜欢重复玩一个玩具或一种游戏，反复体验其过程。

物权敏感期：2岁后

私有意识产生，经常明确指出“这是我的”。

模仿敏感期：2岁后

喜欢学话，学动作，跟着做，喜欢说：“你先给我示范一下。”

确认爱的敏感期：2岁后

反复确认爸爸、妈妈及别的亲人是否爱他，他也会对亲人示爱。

想象与假扮敏感期：2岁半以后

借助各种假想人物或动物、虚拟事物和虚拟行为，表达自己的情感，宣泄自己的情绪。

社会规范敏感期：2.5～6岁

如果有人说话不算数或不遵守规则，孩子就会非常痛苦。

追求完美敏感期：3岁后

要求食物或用具必须完整、美观，要求自己的言行、表现必须完美。

审美敏感期：3.5岁后

产生自我审美要求，常模仿大人化妆打扮，女孩对衣着服饰开始产生浓厚兴趣。

性别敏感期：3～6岁

意识到性别的不同，在长相、打扮、服装、玩具、用品、如厕等方面开始区分男女生的不同。

执拗敏感期：3.5岁后

不让他干什么他偏要干什么，例如：不让他玩儿他偏玩儿，不让他吃他偏吃。“不！”“为什么？”是他的口头禅。

社交敏感期：3.5～6岁

3岁左右的孩童趋向于独立游戏，也就是自己玩自己的；3岁半以后，他们变得非常爱交朋友，喜欢与同伴一起玩儿，学会了合作与分享，更期待得到群体的认同。

婚姻敏感期：4～6岁

想要与父母、幼儿园的老师或熟识的成人结婚；会“爱”上小伙伴，会选择同龄的异性小朋友作为“结婚”对象；在绘画、群体游戏中经常出现结婚、孩子、家庭等元素。

崇拜和被崇拜敏感期：4～6岁时

崇拜爸爸妈妈，崇拜大哥哥大姐姐，崇拜王子、勇士、公主；希望自己被别人崇拜，并为此感到自豪。

自主意识敏感期：4岁以后

什么都想尝试，敢冒险；什么都想自己做，越来越想自己拿主意。

知识探求敏感期：5岁以后

孩子对知识探求的兴趣起始于3岁，到了6～9岁则表现出想探究事物奥秘的强烈兴趣，喜欢问“为什么”。

口腔敏感期——帮他把小手放进嘴里

宝宝的敏感期不是一下就来、一下就走的，它有一个逐渐显现、日益突出的过程。到某些敏感期的高峰时，有些行为表现特别明显。还有一些敏感期是叠加出现的，几种行为特点都很突出。父母如果不了解孩子敏感期的行为特点，硬要“定规矩”，与孩子拧着来，那家里可能常常都是“冲突与战争”的场面。最后的结果，不是你把孩子拧歪了，就是你被孩子气歪了。

家庭生活、养育孩子并不是一个较劲儿的过程。认识孩子，尊重孩子，顺着他的思路去摸索养育方法，顺着他的需求去为他创设条件，才是我们家长最应该做的。

接下来，让我们一起拥抱孩子的敏感期，与孩子共同享受敏感期的美好！

吃手，是孩子的天性，是一个个体探知世界的开始，同时也是他为解决牙痒的问题想出来的一个“妙招”。

因为婴幼儿的口水多，我们要做的就是让他的小手保持干净。衣服穿得厚重时，我们还要帮小宝宝把手放进他嘴里，让他尽情地“吃”。

桔子4个月时，牙痒，老想咬东西，有时抱着我的脸又吸又啃。我常把自己的手洗干净，在一根手指上裹上纱布，递给她，让她咬。那时家里人也会说我太纵容她了，说以后她吃上瘾了看我怎么办。但1岁一过，她基本上就不吃手了，家里人感觉很奇怪。现在桔子很少吃零食，对零食不“馋”，这可能也是过好了口腔敏感期的缘故。

长牙后宝宝能感觉到咬自己的手会痛，就会改咬别的东西，拿到什么都会先摇一摇然后放进嘴里。这时我们只要做到入口的东西相对干净、安全就可以了，比如，没有小零件儿、及时清洗、定期消毒。个人感觉最好能提供不同质感的东西给孩子尝试。

吃手的第二个高峰期出现在上幼儿园后，特别是在3岁左右的托班及小班时期。这里面有两个原因：

一是小朋友之间相互影响，有时坐一排没事干就吃手玩儿。

二是通过吃手寻找心理慰藉。他们常常在午睡时躲在被子里吃手，甚至吃脚指头。躲在被子里吃手，能让孩子回想起自己在妈妈怀里吃奶时的那种安全感和归属感。这与他小小年纪离开妈妈，独自到一个陌生环境度过漫长的一天而引起的分离焦虑症有关。

虽然家长不能跟去幼儿园，但从孩子的种种行为可以发现其中的蛛丝马迹，比如，原来不再吃手的孩子回家后又经常将手放进嘴里；再如，经常吃手、吃脚的孩子指甲盖儿都是嵌进肉里的，有的甚至会残缺不全。这时，家长需要更多地关注孩子的心理，而不是呵斥他不许吃手。

有追踪显示，爱吃零食、吐口水、说脏话等行为一定程度上与口腔敏感期没过好有关系。

赵宏老师点评

没有过好口腔敏感期的孩子可能会咬小朋友或其他人、咬桌椅家具。这样的行为会被视为攻击他人、有意破坏物品，孩子因此可能会受到责骂、惩罚。可孩子常常会辩解说：“我没想咬他。”这是真的！没有过好口腔敏感期的孩子的这些行为是他们自己也很难控制的。正确的做法是帮孩子多准备些各种质地的、干净的物品，满足他们“咬”的需求。这也是他们探索和认知事物的过程。

动作敏感期——让他一次“动”个够

▼

动作敏感期，如何让孩子“动”起来

在这个敏感期，我们要做的事有很多。这时期的孩子特别热衷于摸、捏、摇、抓、扔、拽、扯、撕、打（拍）、抠、穿、按、翻（书）、剪（用剪刀）等，以及蹬、站、下蹲、走、跳、跑、踢、蹦、上下台阶等。

早期，我们可以为小宝宝准备一些有悦耳响声的手摇铃，便于抓捏的软球、玩偶，用于拍打、推、滚的小皮球。到8～10个月以后，宝宝能用手做的事增加了撕、抠、穿、按、翻等，这时考验家长的时候就来了。

撕纸对练习双手协调很有好处，同时也可锻炼宝宝的手眼协调能力。伴随着“咝咝咝——”的声音，一张纸被撕开了，宝宝很有成就感。

通过左边这张图，我们可以感受到宝宝撕、捏、揉、扯的快乐，仿佛看到他的两只小手肆意地忙碌着。

抠，就是抠小洞、抠缝隙。穿，就是穿过去。例如，商场柜台间的缝隙，孩子就特别喜欢将胳膊伸进去。我们常在新闻里看到有孩子被玻璃门的缝隙夹住了手，就是因为孩子喜欢将手“穿”进这些缝隙中。这时，电插头孔一定要插上保护座，这种小洞可是坚决不能让孩子抠的。

对于孩子手指触觉与手眼协调发展期的爱好，我们可以专门为他提供一些小洞洞供他抠，比如，在一次性纸杯上剪几个小洞，让他专注地抠，或将小手指穿过去；也可以给他准备一些圈圈、环环让他把手指或胳膊伸进去、穿过去；还可以准备一个卫生纸或保鲜膜的纸筒，让宝宝将红枣、小玩具穿过去。穿过，也可以用套进去的方式来实现，如套杯、套娃。

按，就是喜欢按一切按键、按钮，包括观察按下后发生的情况、产生的结果。这时，你越是跟在他后面提醒他不要按，他越是乐此不疲，使劲儿“捣蛋”。

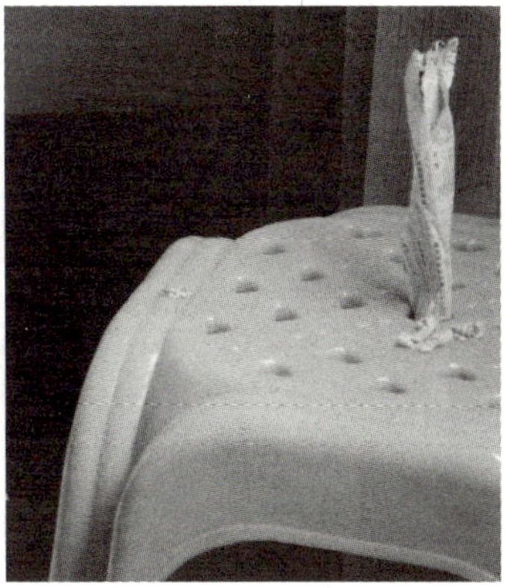

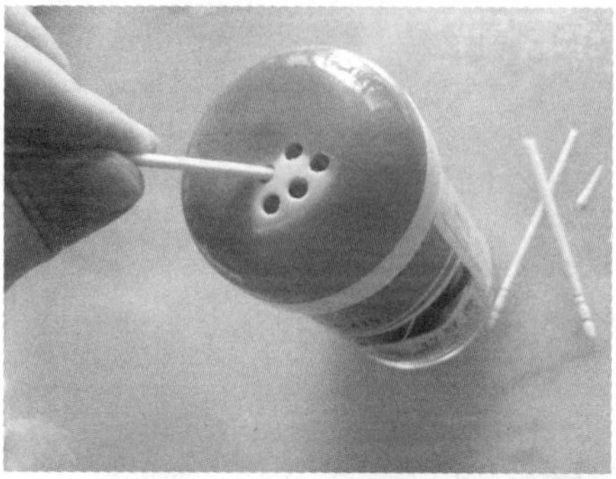
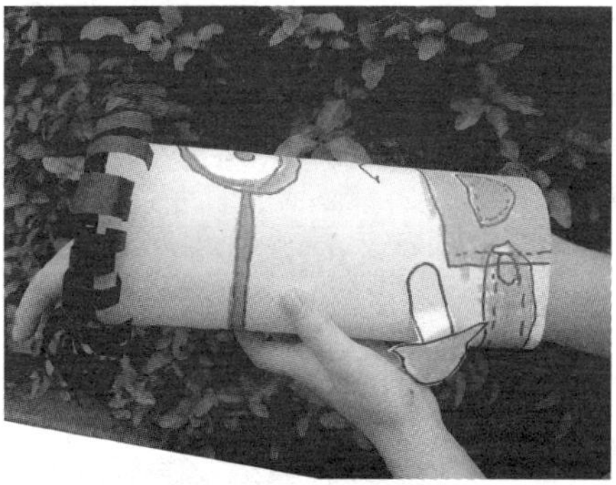

一次在朋友家做客，他家的宝宝特别喜欢反复按电视遥控器的按钮，搞得他爷爷奶奶根本看不成电视。这是小朋友最喜欢的游戏：他按了开关键，电视变黑了，大人看不成了，他满足了自己的控制欲；大人起来追他、叫他，都关注他了，他很开心。他不会听你的话“改正这个毛病”，因为这是他玩耍的方式，否则大人都去看电视了，谁来跟他玩儿呢？

应对宝宝这个爱好的方法就是找东西让他按，让他按个够。

你可以像我在前面提到的那样，找一个专门用来让他按的“工具”；可以在家里有需要时叫他帮忙来“按”；外出上、下电梯时叫他按电梯按钮；还有现在的儿童模拟手机、模拟电话玩具，都可以用来满足宝宝小手指“按”的需求。需求得到了尊重，有了“按”的对象，孩子就不会经常到你面前来“捣蛋”了。

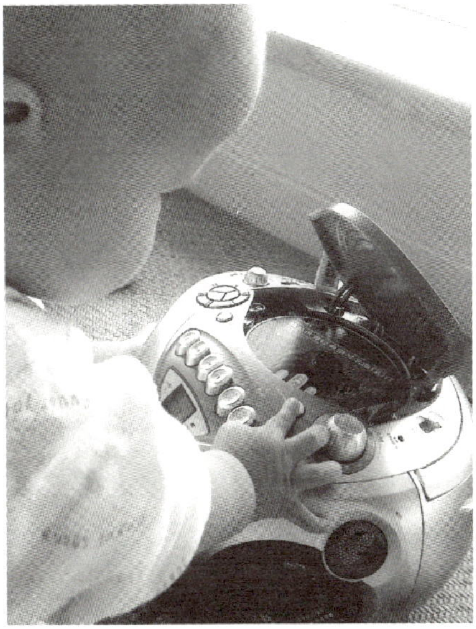

八九个月以后，宝宝就开始喜欢书了。但实际上，比起书页上印着的内容，他们更倾向于用书锻炼自己打开书和翻动书页所需要的手眼技能。那种软而薄的书页不适合他们，也很容易被他们撕坏。他们更喜欢硬纸板书页、泡沫书页、布书页和200克以上铜版纸做的厚书页。利用这种图书让孩子练习一页一页地翻书，是一项很重要的手眼协调技能的学习。

再大一点儿，15个月以后，就可以尝试让宝宝练习用勺舀、用筷子夹，开始时可以用红枣、木耳、小玩具等来练习。

在大脑皮质层，大拇指运动反射区面积相当于大腿运动反射区面积的10倍，而且用勺舀、用筷子夹食物，牵涉肩部、胳膊、手掌、手指等30多个大小关节和50多条肌肉的运动，是一项很好的健脑、手眼协调练习及全身协调练习的活动。

但是在用勺舀、用筷子夹东西的游戏中，家长需要特别注意的就是不要过早让孩子形成右利手。我们的餐具不像西式餐具的刀叉需要两只手配合使用，用勺或用筷子只需要一只手，另一只手完全空闲着，这对婴幼儿左右脑的共同发育不利。我们可以让宝宝练习用两只手轮流使用勺、筷子。当然，这个难度是很大的。

与此类似的还有用剪刀。

2岁开始，宝宝就有了用剪刀的意愿，大多数家长这时会拒绝：“孩子这么小，用剪刀多危险啊。”但如果我们把前提假设为“能安全地用剪刀”呢，那这件事是不是就可以做了呢?

专门用于幼童练习的有塑料剪刀。桔子上幼儿园托班时，上学第一天，老师发的礼物便是一小袋文具用品，里面就有剪刀。可见，老师也认同2岁多的孩子可以练习使用剪刀，后来在托班期间老师也多次提示家长可以多让孩子练习用剪刀。

桔子从此就迷上了剪刀，可是塑料剪刀很快就不“灵”了，剪不动了，于是我们一起到文具店买了圆头的小型剪刀（看来市场也考虑到了孩子的需求）。2岁3个月时，她用这把剪刀整整练了20天，天天剪，每次剪半小时左右。

整个练习过程是这样的：

最开始的几天，桔子只要一用右手打开剪刀，她左手的拇指、食指和中指也跟着张开了，然后嘴也张开了，嘴唇还歪向一边，一副很努力的样子。

当她的右手用力剪下去，剪刀嘴合拢时，她左手的三根指头也跟着合拢了，嘴巴也跟着闭上了。手、手指、嘴、眼睛就这样协调运动着。这时，纸还得我为她拿着。

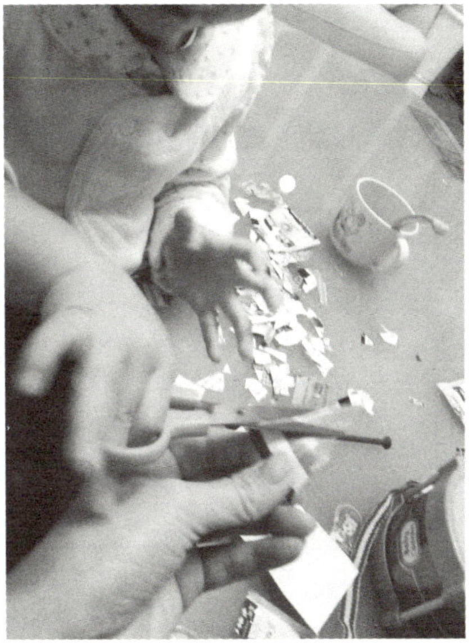 

几天后，当用右手握剪刀时，她的左手手指渐渐不再跟着动了。

又过了一些时间，她的左手可以拿纸了，双手可以相互配合了。

直到双手可以比较熟练地配合剪刀的开合，这个过程大约用了20天，那段时间我家每天都是满地碎纸。等熟练了，她的兴趣就小了，又过了两个月就不怎么剪了，只是在后来做手工时，才又练习按规定线剪，剪各种形状。

在孩子练习用剪刀的过程中，我们可以清晰地观察到这是一项很好的练习手脑、手眼协调的运动。

此外，适宜于练习手眼协调的肢体大动作还有抛接球和拍球，这些活动是2～5岁孩子最喜欢的。

脚脑协调、脚眼协调同样重要

在动作敏感期，除了要练习手脑、手眼协调外，还要练习脚脑、脚眼协调。

6个月之前，婴儿躺在小床上时，他的两条小腿经常不停地蹬着。这时如果不经意间放在床尾的小玩具被他踢着并发出了声响，婴儿便会建立脚脑联动，继续伸出腿去踢。我就曾在桔子床尾她的小脚踢得到的位置挂了一个小铃铛，帮她强化这种脚脑联动能力。有一些婴儿玩具也可以起到这方面的作用。

7个月以后，宝宝又有了新爱好——扔东西。宝宝最爱玩的游戏是：扔，不见了；捡回来，又出现了。通常大人可以为孩子捡三五次，宝宝再扔，大人可能就不耐烦了。这时，我们可以让他练习自己“蹲下”，“捡起来”。

10个月时，宝宝开始学站，为今后的迈步走打基础。与练站同样重要的还有练蹲，可以加强腿部力量。桔子10个月以后，我经常带她在小桥边或扶栏边，手扶栏杆，下蹲捡树叶、小树枝，然后扔出去。这样可以锻炼腿力，练习用小手捡起来，同时观察扔出去之后的结果。宝宝在外面蹲、捡、扔够了，就不会在家里坐在高凳上用“扔东西”来“折磨”你了，你也用不着大声喊“不”来阻止他了。

15个月后，宝宝喜欢上台阶、爬小坡、跳小桩了。这时，我们可以找小桥、倒车桩来给宝宝练习。适合宝宝的台阶高度以我们日常上下楼梯的台阶高度的一半最为合适。用倒车桩练习“跳下来”也正合适，因为这时宝宝的膝盖骨还很软，跳太高的高度容易使膝盖骨所受冲击力过大而受伤。

13个月或14个月大的宝宝走路还常会摔跤，这时可用学步带兜住他的腋下。但我们不能因为怕宝宝摔跤、碰痛，就不让他下地，就一直把他抱在怀里，一直把他放在婴儿推车中。我见过17个月或18个月还走不稳的宝宝，甚至见过2岁多还不会下小桥台阶的宝宝，这样的宝宝长大后身体的协调性及运动能力可能会受影响。

与抛接球和拍球等练习手眼协调的肢体大动作相对应，踢球是练习脚眼协调的肢体大动作，从3岁后可以延续很长时间。

我们身边的很多人没有体育运动的习惯，所以对孩子跑跑跳跳也持无所谓的态度。关于“体育锻炼对孩子智力发展的影响”的研究表明，儿童时期有氧运动的数量跟上学后数学和阅读成绩有正相关关系。经常参加体育锻炼的孩子，在智商测验、感知技能、词汇能力、数学能力以及学习动机方面表现得可能更加优秀。两者之间的关联在4～7岁、11～13岁的孩子中最明显。这是因为体育运动在增强体力的同时，增强了心肺功能，增强了呼吸深度，从而增加了身体的供氧量，包括血液中的供氧量和脑部的供氧量。

此外，体育运动也是一种感知训练。在运动中，孩子感受到了竞争、努力、坚持、赶超、合作、认输以及不服输，这对孩子的心理成长有很大帮助。

还有一些能促进全身肢体协调的活动。我经常带桔子进行的活动有游泳、骑车、打羽毛球、滑轮滑和徒步，此外她还一直在学习跳舞。

因为三亚天气较热，婴儿时期的桔子可以每天在家里游泳，3月以后可以到小区的游泳池游，回到杭州后的七、八月又可以游两个月，这让桔子一直很喜欢下水。长大一些后，冬天她就在浴缸里练习。4岁时的夏天因为天气炎热，游泳一天也没落下，她自己还学会了憋气漂浮。5岁时她已经可以摘掉游泳圈，在大人的陪伴下自己游，并练习换气。

她还很喜欢打“羽毛球”，3岁时就开始打。打“羽毛球”时我们用的并不是真正的羽毛球，而是搭建玩具里的“雪花片”。

因为3岁的孩子对手、手臂和球拍的控制能力还远远不够，腿的移动能力也还不够，如果真用羽毛球就只能满地捡球了，锻炼的意义不大。于是我们就用雪花片让她练接“球”，一盒有100片，发“球”够发一阵子的。桔子爸爸的体育特长之一就是打羽毛球，于是我们就从握球拍、预备站姿、接球姿势教起，她玩得很投入。雪花片重，不受风的影响，外出时什么时候都能玩儿，下雨天或冬天太冷不能出门时，在家也能玩儿。她每次都能全神贯注地玩上大半个小时。一段时间下来，她的手臂能上下左右随意张开了，腿也能前后左右随意移动了，看着自己接得越来越好，她很有成就感。到4岁以后，她就自己发展出跳起扣球的动作了。

打“羽毛球”是一项很好的全身运动，能让人“眼明手快”，能改善眼睛的睫状肌功能，能锻炼手腕、手臂、踝关节、膝关节、髋关节，还能使心血管系统和呼吸系统功能得到加强。

4岁半以后的双休日我还会带她出去“徒步”。选好游玩地点后，背上包，大步走出去，早上10点出门，下午4点多回家，一路都不需要抱她。在户外的清新空气中，这种有氧运动令人神清气爽。

感觉敏感期——满足孩子的皮肤饥渴

▼

处于感觉敏感期的孩子，最喜欢玩水、玩沙（泥），并且乐此不疲。

1岁多时，桔子就经常在阳台上玩水，还能把阳台地面擦干净，2岁以后玩水时就顺便能洗干净自己的袜子了。每到下雨天，我们也会雨伞、雨衣、雨鞋“全副武装”出行，那是她最快乐的时候。

我还会给她玩米。在超市大大的散装米桶前或者家里新买了米时，她喜欢用大塑料勺舀起米然后倒下去，或者把两条手臂都插到米缸里。2岁多以后有一段时间，家里每天做饭都是她来舀米、淘米。

其实敏感期在生活中的现实意义就是：孩子具备了做某件事的能力，而且有了高度的兴趣和积极性，只要有机会让他尝试，他很快就能掌握，可以说是事半功倍、一点就通。同时他还会将这些本领运用到日常生活中。总之，敏感期并不是让孩子来捣蛋、来破坏、来找事儿的，它的真正意义是促进孩子学习、尝试，直至熟练运用。所以我们一定要抓住孩子敏感期的这些特点，好好利用。

感觉敏感期对于父母与孩子，还有最最重要的一点，就是抚摸与拥抱。彼此的气味、彼此皮肤的接触，会引起心灵感应，正如老话所说：孩子是抱出来的。这种来自婴幼儿期的、发自内心的肌肤相亲的感受，会深深地印刻在孩子心底，孩子长大后也会表现在他与父母的相处方式中。

我曾听一些同事、朋友谈起过与父母的“肌肤相亲”。由于小时候被父母抱得较少，长大后他们很少与父母有亲昵的行为，很少主动与父母牵手、挽臂。有的朋友甚至说，当他母亲的手伸过来，他会赶紧避开；有时过马路，他母亲会伸手来挽他，他觉得身体像针扎一样难受。

我看过许多描述亲子间“肌肤相亲”的重要性的研究和报道，但从未看到过关于亲子间“肌肤不相亲”的追踪，以及这种“肌肤不相亲”在孩子长大成人后对亲子关系的影响。所以我在生活中十分留意，收集了不少这样的例子。我们来看下面这个例子：

在一档明星真人秀电视节目中，编导问明星爸爸：“你觉得你儿子是个怎样的人？”

明星爸爸回答道：“我跟他真的不是很熟。他小时候，我到处去拍戏。现在他大了，他到处去拍戏。我们相处的日子真的不多。”

当他们（明星父子）走在外景广场上时，他们一起回顾道：“我们有29年没有一起出来旅游了！”

此时，明星儿子34岁，这也就意味着5岁后他就没有和爸爸一起旅游的经历，而5岁前，是不怎么记事的。这也就是说，他几乎没有和爸爸一起旅行或亲密相处的记忆。

记者问明星儿子与父亲的关系怎样时，明星儿子说：“我不是和他（爸爸）很亲的那种人（孩子）。小时候我知道他（爸爸）经常和朋友一起去旅游、打猎……我也很想让他带我一起去……”

……

抚摸与拥抱，是发自心灵深处的呼唤，它会产生一种源自内心深处的力量。不要总说你累了，抱不动他；不要总说他重了、他大了，不需要抱；不要总是试图用各种理由推托回避，多抱抱你的孩子吧！不管他是婴儿，还是已经会满地撒欢儿的幼儿。待他长大，作为父母，你也会收获发自孩子心灵深处的温暖的拥抱。

此外，毛绒玩具、绒毯也能给婴幼儿温柔、温暖、安全的感觉。桔子1岁多时的那个春天，我给她买了一条薄绒毯，她伸手触摸了一下就喜欢上了，还为薄绒毯取了个形象的名字：小兔被被。从那以后，她再也没与她的“小兔被被”分开过，再热的夏天都照样盖着小兔被被，有时外出旅行也必须抱着小兔被被。

上托班时，幼儿园的铺盖、被子都是统一的，有很可爱的图案，我以为她会喜欢，可是她很快就感冒了。老师和我聊天时说，桔子中午睡觉都是不盖被子的，一帮她盖上，她就会踢掉，要去给她盖好多次。我一听就知道是因为她的“小兔被被”。于是我赶快带着她去商场，让她挑了一条她喜欢的“小兔被被”（薄绒毯）。从此以后，她的被子都盖得很好。

空间敏感期——和孩子一起探索世界

▼

爬、抓、推、蹦、旋转、扔、藏……这些都是空间感探寻的表现。宝宝2岁多时特别喜欢插及拔饮料杯上的吸管、用钥匙开门，也与孔（空间）有关。

桔子8个月会爬后很喜欢在桌子、茶几、椅子下穿梭，大一点儿后又喜欢上了钻柜子。我家有一个房间是榻榻米房，房间与过道的隔断是一组柜子，柜门打开后两边是通的。自从发现这个秘密后，她就经常坐在柜子里，或将柜门打开从柜子里穿过去。

到2岁后，空间的探知表现在搭积木，搭很高后，推倒，再搭；喜欢从高高的台子上蹦下；喜欢大人给她举高高、玩坐飞机游戏或大人抱着她旋转。

3岁以后，她的空间感开始横向扩展，有了围合概念，搭积木时能搭出院子，能搭出更复杂的组合建筑。

4岁以后，她开始喜欢搭建筑群，喜欢不规则积木，构建物可持续搭建（可以搭好几天，当天并不收拾）。许多小朋友在这个年龄段开始搭船、军舰，搭乐高小积木的车辆，这都是空间想象能力和构建能力发展的表现。

基于女孩的空间建构想象力要略逊于男孩的性别认知差异，我还让桔子在3岁半后参加了搭建兴趣课程，通过在老师启发带领下的搭建、组装，体验构造、结构与空间的关系。

4岁左右，空间的概念在桔子的画作中也有了表现：

1.上与下及前与后的布局

叮叮车

2.平面结构

迷宫：怎样走到中间的小岛

3.正面与背面（透视）

跳舞的松果

4.颠倒

挂在绳上晾晒的小猫玩偶

所以，空间的感知不仅是躲猫猫、从高处蹦下、搭高高（积木），还包括构建、布局、颠倒、透视的能力。

物权敏感期——帮孩子建立清晰的人际界限

▼

处于物权敏感期的宝宝有着强烈的“占有”的需要。物权敏感期分为3个阶段：

第一阶段：我的东西是我的，别人的东西我摸过了也是我的了。

第二阶段：我的东西是我的，别人的东西是别人的。我不拿别人的东西，别人也不可以拿我的东西；别人也不可以拿其他人的东西。

第三阶段：两个人的东西可以相互交换，玩好后要归还。我的东西可以借给别人玩儿，别人玩好后会还给我，还是我的。别人的东西可以借给我玩儿，我玩好后要还给别人，还是别人的。

2~3岁，宝宝的自我意识萌生了，开始意识到“自我”，感知到“我”与世界上的其他事物以及其他人是不同的个体，开始懂得区分物品的归属。于是他开始明确指出：“这是我的！”表现出强烈的占有欲。

随着“我的”的概念的形成，同时也形成了“你的”“他的”的概念。“这是他的，你不能碰！”这是物权认知的迁移现象，是物权敏感期第二阶段的特征。

3周岁前后宝宝开始进入分享阶段，即进入物权敏感期的第三阶段。

所以在2~4岁，我们依次可以看到一个“霸道”的宝宝，一个“自私”的宝宝和一个“爱分享”的友好和善的宝宝。

怎样在物权敏感期正确地引导和帮助宝宝呢？

一、充分理解宝宝所处的发展阶段

前面我们知道了物权敏感期是分阶段发展的，比如，宝宝在刚刚建立“自我”意识、感知物品归属权的时候，我们不要急着让宝宝把物品分享给他人。敏感期的每个阶段都是在为下一步发展打好基础，只有夯实了基础，只有在宝宝心中明确地建立了“自我”的概念，才能更好地发展出“他人”的概念。

二、充分尊重宝宝的意愿

碰到小朋友来借玩具时，如果宝宝暂时不愿意，我们可以用平和的态度对对方说：“宝宝现在正在玩儿，还不想借。”同时，这也是我们的一门必修的功课，学会用恰当的方式表达，就不会觉得很没面子了。

三、让宝宝知道分享出去的东西是可以要回来的

很多时候宝宝不愿意分享，是因为他还不懂得什么叫“借”。日常生活中，我们可以和宝宝多玩玩相互借东西的游戏——你借我的东西，我借你的东西，用好后再还给对方，并真诚地对对方说一声“谢谢”。这样不仅可以帮助宝宝很好地感知和巩固“物权归属感”，还能让宝宝体验“分享”，明白什么是“借”、什么是“交换”。

四、教宝宝懂得尊重别人，学会征询他人的意见并耐心等待

引导宝宝学习换位思考，学习尊重他人的物权，十分重要。比如：“这是我的。”“这是你的。”又如，我们想要用别人的东西、玩别人的玩具，我们需要先征得别人的同意：“我可以玩一下你的玩具吗？”如果别人正在玩儿，还不想借给我们，那我们就要耐心等待，等别人玩好后我们再玩儿。我们还可以在事后多与孩子交流分享的乐趣和感受。

陪伴宝宝很好地度过物权敏感期，宝宝将会拥有清晰的人际界限，从而懂得尊重别人，敢于表达自己。

秩序敏感期——陪孩子“重来一遍”

▼

两三岁的孩子有一段时间对做事时的顺序特别讲究，如果哪次秩序颠倒了或某个环节你替他做了，他就“过不去”了，常常哭着吵着让你和他重来一遍。这表明他正在经历秩序敏感期，他的心理正在形成秩序的内在模式。比如上楼时，必须由他按电梯键；他还经常做重复的事，一段时间内只玩一两种玩具，或只玩一两个游戏，反复体验游戏的过程。

桔子这时的表现是怎样的呢？举个例子，睡觉时她盖的薄绒毯一定要铺得好好的，要是铺得不好她就不睡，还会为此大哭大闹；早上醒来发现薄绒毯不整齐了，她也会哭闹一番；2岁半及3岁后，她会自己“吭哧吭哧”地铺，直到把薄绒毯铺好；不管她怎么闹，只要将薄绒毯铺好，她就能马上安静下来，好好躺着睡觉。3岁半以后，她就渐渐地没有这个“要求”了，4岁以后更是不再提起了。

这就是我们的宝宝，2～4岁时，一个讲求秩序，表面看起来有点儿呆板、固执的小孩。

对于秩序感的执着源于孩子对于未知世界的不安全感与不确定感，于是尝试着这样来确定和把握世界。当得到满足时，他就会产生一种自然而然的快乐，这种快乐意味着对自己环境中的所有细节都能支配，其实质是满满的安全感和满足感；与此相反，如不能达成就会感到不安、焦虑，甚至会表现出激烈的极端反应，这也是孩子经常莫名其妙闹情绪的原因之一。

在这一时期，秩序感会逐步扩大为对场所、位置、空间、时间、顺序、所有物、约定、习惯、规则等多方面的秩序需求。这个时期，孩子的思维是直线式的，他们认为任何事物都是按固定程序运行的。

有的时候，秩序也是一种心理预期。建立好了心理预期，孩子的忍耐力、持续注意力会大大加强；没有建立好心理预期，一点儿小事也会闹个天翻地覆。

桔子去补牙的时候，总是先站在诊疗床前，将床边的设备挨个看一遍：这个是喷水的，这个是吸水的，这个是吹气的。然后她还会和医生阿姨确认补牙的顺序：先磨一磨，再喷水；再磨一磨，再喷水；再吸水；再吹气。医生阿姨基本上也是按这个顺序进行，一边做一边说："宝贝儿，放松，先磨一磨，磨三下，一、二、三，再喷点儿水……"就这样，建立好心理预期后，她便能够忍耐整个补牙的过程。

有一次因为没有建立好心理预期，情形就完全不同了。那次是装牙齿间距保持器（因为拔了一颗大牙），只需清洁一下牙齿表面，用固定材料将保持器放进牙齿空隙粘住就行了。本来是很小的一件事，无痛无创，几分钟就好了，可是整个过程却完全出乎意料。

那次是医生的助手为桔子装的。这位助手不像主治医生那样了解儿童心理，面对桔子的询问，她只是不断地说："快上去（躺上诊疗床），有动画片看（床上方有一个显示屏）。"桔子不放心，几次从诊疗床上爬下来询问治疗顺序，还不停地问："用不用钻子？""痛不痛？"医生助手回答："你说什么我听不懂！"

结果装这个牙齿间距保持器用了两个人按住她，还有一个人掰着她的嘴才装好。

从诊室出来后，桔子仿佛受到了极大的伤害，用了好久才恢复过来。看来心理学真是无处不在，心理学的作用不容小觑啊！

赵宏老师点评

陪伴孩子度过秩序敏感期对很多家长来说是个挑战，需要家长有足够的耐心。这个时期，秩序能给孩子带来安全感，而缺乏秩序或秩序被破坏、打乱，会令孩子感到不安和混乱。所以在这个阶段，家长要耐心陪伴孩子一次次完成他们的“秩序”。当然，这首先需要家长细心观察，以真正了解孩子内心的秩序。

有些家长误认为这个时期孩子的很多行为是“不听话”“故意捣乱”的表现，甚至会用打骂等手段惩罚孩子，这对孩子的成长是一种伤害。

在秩序敏感期，孩子的思维是直线思维，他们认为任何事情都是按固定程序运行的。很好地度过秩序敏感期更有利于孩子未来发展灵活与变通的思维习惯。

模仿敏感期——大人所有的言行都是在做示范

▼

学说话、学表情、学动作……人们常说孩子就是家长的一面镜子，而这一点在模仿敏感期表现得更为明显。

“你先给我示范一下。”这是你要求孩子做一件“新鲜”事时，他通常会对你说的。

“我给你示范一下啊。”这是孩子们相互玩耍时，他们的小头领通常会说的。

6岁前的孩子更喜欢看你做什么而不是听你说什么。

一次，应桔子的强烈要求，我带她去上架子鼓试听课。那次课是学习演奏《小松鼠进行曲》。从没接触过架子鼓的桔子从墙上的镜子里看着老师打鼓的侧影，将老师打鼓的动作全都模仿了下来，学得十分起劲儿。而下一次上课时，老师要求学生们看谱打鼓，脚还要同时踩镲。很快桔子就扔下鼓槌“落荒而逃”了。

这就是孩子的特点，学习方法及学习内容必须与孩子的年龄特点相适应，孩子才能喜欢、接受并坚持学下去。

好好地利用这个特点，孩子会成为我们的小帮手，比如，学着大人的样子扫地、拖地、擦桌子、择菜、打蛋、淘米、做饭等，他会很有兴趣，也很愿意做，这会让他们建立成就感。

处于模仿敏感期的宝宝特别喜欢模仿别人，你干什么他干什么，或者小朋友干什么他干什么。有些宝宝有特定的模仿对象，模仿对方做每一件事。其实有时宝宝也并没有真正的需求，只是为了模仿而模仿，以便能够从中吸取更多的直接或间接经验。

模仿还是宝宝认知与独立性发展的基石，宝宝在模仿中会发现自己可以控制一些事情，于是会将模仿行为演变为自身的行为。复制行为，进行加工，有所创新，在这个过程中宝宝的内心会得到愉悦和满足。模仿可以为宝宝的独立储备力量，一旦意识到“我能做”“我能行”，他就能真正独立了。

3岁后，宝宝的模仿能力大大增强，发展出了延迟模仿能力。延迟模仿是指宝宝能够记住事情发生时的情景、过程与方式，在事后与家人、朋友的相处中或模拟游戏中进行模仿。这时我们大人特别需要注意自己的言行举止，否则你的消极负面情绪、你错误的说话及做事方式、你的粗话、你对人尖酸刻薄的形容等都会被孩子学去。当你抱怨“他怎么会这样”并意识到这都是他从你身上学到的时，常常为时已晚。

4岁多的一天，桔子说的话把我吓了一大跳，她说：“那天我看了你生气的样子，我就学会了。”

原来之前的那个晚上桔子在吃晚饭时不知为什么离开餐桌，跑到窗台边把一盆花碰翻了，当时我肯定是说了她。第二天在幼儿园，一个小朋友碰她，她也学着我的样子皱起眉头、表情气愤地说：“你干吗打我？”回家后，她向我描述了这件事，并说了这样的话：“那天我看了你生气的样子，我就学会了。”

噢！我从来没见过小孩会如此直白地告诉大人：我是看了你的样子就学会了。但这说明他们确实如此，一直在模仿。不管我们说的是家长里短还是国家大事，我们的言语、表情、情绪等都会印在孩子的脑子里，我们的一言一行、一举一动都会转化为他们的言行。

面对模仿敏感期的宝宝，有两点我们要加以注意：

一、宝宝对不良行为的模仿是无意识的

比如孩子并不知道什么是“脏话”，而是他在说出这些话后家长的反应引起了他的好奇心，让他感受到了语言的力量，于是便一次次重复。有一些行为容易引起大家的注意或惊呼，宝宝会觉得这样很有趣。对此，我们不能表现出异常情绪或表情，这样不但不能解决问题，可能还会强化这些行为。大家尽量用正常情绪对待宝宝就可以了。

二、体谅宝宝在模仿中造成的无意伤害

“我要像奥特曼打怪兽一样替乐乐报仇！”于是小杰被明明突然推倒，吓得哭了起来；

“我要学老师那样抱一抱，安慰小可。”可是小可被抓痛了……

这时候我们要体谅正处于模仿敏感期的宝宝，并教宝宝对对方说一声：“对不起，我不是故意的！”

确认爱的敏感期——爱他一定要大声告诉他

▼

2岁时，桔子在iPad上看了《小鸡叫叫》的故事后，就开始向全家人示爱：我爱你，妈妈；我爱你，爸爸；我爱你，姐姐；我爱你，外婆外公；我爱你，爷爷奶奶……

从那以后的两年时间里，她都很喜欢向亲人表达“爱”的感情，也很期待得到肯定的“爱”的回复：“我也爱你，宝贝！”她闯祸后、挨骂后，不管我是不是还在生气，她都会来到我身边，抱着我求安慰：“安慰我。”我抱着她摇几下后，她就会问：“我是你的大乖宝吗？”当我回答说“是的”时，她就会接上“妈妈我爱你”，这时我只得跟着她说“宝贝，我也爱你”。我知道她这样做是需要“爱的肯定”，以寻求“爱的安全感”。

所以那段时间我常在和她交谈时跟她说：“妈妈爱你，永远都爱你，不管你挨骂还是得了第一名，妈妈永远都爱你。”在她“犯错”时我跟她讲了道理后，也都会加上一句：“妈妈爱你。”

4岁后，当我对她说“妈妈爱你”时，她都会追问：“永远？”

我会肯定及坚定地回答她：“永远。”

4岁半以后，这样的对话就很少了，因为她已经在内心深信：我的妈妈永远都爱我，不管我怎么样，我的妈妈都爱我。

与父母的关系是孩子外在关系中建立的第一种关系，也是最长久的关系。在这个关系中，儿童在学习爱、感受爱、分享爱。

确认爱的敏感期分为三个阶段：

第一阶段，反复确认爸爸、妈妈、亲人是爱自己的。

第二阶段，回应爱，自己也对亲人示爱。

第三阶段，内心有更多的爱想分享给他人，爱心满溢，也叫作“爱的泛滥期”。

内心装满爱的孩子更加阳光、更有朝气，也更加自信、更加坚强。

哪个爸爸妈妈不爱自己的孩子啊！哪个父母不是发自内心深深地爱着自己的孩子啊！可是，孩子不这样认为，有爱还得大声地告诉他。

一个朋友的女儿上小学一年级后，经常对其他阿姨、小朋友说：“我的妈妈不爱我。”如果你是这位妈妈，你的内心会有什么感受？！

电视节目《爸爸去哪儿》的一集里也出现过类似的对话。村长与小朋友们聊天，问到石头：“你觉得爸爸爱你吗？”石头很犹豫地回答：“有时爱吧，爸爸凶的时候就不爱我了。”

爸爸真的是有时才爱他吗？其实我们都可以感受到爸爸对他的爱——深沉的爱、埋在心里的爱，可是孩子还不能理解这样的“爱”。可以看得出，石头的回答给他爸爸的内心带来了很大的冲击与震动。作为电视机前的观众，我深受感动：有爱就要大声地告诉孩子，而且我们还要做到“我们的爱是无条件的”，并让孩子切实感受到这一点。

4岁后，很明显地，宝宝会表达出对爱的分享的意愿。

这时的宝宝很想养小动物，老缠着妈妈给他生小弟弟小妹妹，还表示会帮妈妈给弟弟妹妹喂奶、换尿布……

想把自己的爱分享给别人，体验更多的亲情，是这个时期宝宝的又一大特点。他们已经懂得分享，愿意分享，不仅是物质上的，还有情感上的、精神上的，并能从分享中体验到乐趣和内心的愉快。这也说明孩子天生就有爱的能力：爱自己、爱父母、爱兄弟姐妹、爱朋友、爱自然万物。

赵宏老师点评

孩子与父母的关系是孩子在外在关系中建立的第一种关系，也是最长久的关系。在这个关系中，孩子学习着爱也感受着爱。然而有很多父母对孩子的爱是有条件的——只有当孩子的表现符合父母的要求时才会表现出“爱”。这种“爱”不是真正的爱，是有条件的爱，它爱的不是孩子而是父母自己。无论父母如何对待孩子，孩子内心永远都期待着父母的真爱。当孩子不能感受到父母全心全意的爱时，内心会因此缺乏自信和安全感，也注定不会懂得如何去爱别人。只有形成安全依恋关系的孩子，成人后才容易建立良好的同伴关系和其他社会关系。

追求完美敏感期——呵护好孩子的“完美心”

▼

这时的孩子常会要求自己的一切东西必须是完整或完美的，比如你不能将一块完整的饼干掰成两半给他。3岁半时，桔子有一次在玩一片黄色的包装用的薄海绵，拿它给娃娃当被子。有一次，薄海绵的一个角被她一不小心撕破了。桔子非常难过，就去找外公帮忙。外公见了安慰她说：“看，我给你变个魔术，可以把它变回原样。”外公悄悄到房间的柜子里拿出一块看上去一模一样的薄海绵，“变”给桔子。我们都以为桔子这下该高兴了，谁知她反而哇哇地哭了起来：“不是的！这不是我那块，我的那块这里有个点。”这就是追求完美敏感期的典型表现。不完美的事物她不能接受，细小的区别她也都看在眼里。别看孩子这么小，也是很难“骗”的。

这个时候孩子会因为自己没有把某件手工作品做得如老师的作品那样完美而发脾气、摔东西；会因为在做某件事时没有第一个完成而哇哇大哭；会因为感觉自己不能很好地表现而拒绝参加活动或比赛……总之，他们会因为追求完美的敏感期而对事物、环境无比挑剔，对自己的要求也比较高。

孩子3～4岁时会进入完美敏感期。顾名思义，这个时期的典型特征就是追求完美，渴望完美的东西。追求完美敏感期是在秩序敏感期的基础上发展而来的，由对秩序感的追求进一步发展为对物品、行为、自身要求等方面的追求。而完整，无疑是完美的前提。进入完美敏感期的孩子会表现得特别“挑剔”。这时请不要在意孩子是否能吃掉一整块蛋糕，是否会造成浪费，等等，他们要的只是完整。许多幼儿园在做面食时，做得非常小，这不仅仅是为了好看，其实是契合了孩子追求完整、完美的心理发展需求。

有些家长会顾虑：宝宝现在这样追求完美，今后长大了会不会因此形成凡事追求完美的偏执性格？与这样的顾虑相反，孩子正是在建立了对完美追求的满足后，才开始接受“变通”。

我在为国内的一套儿童敏感期绘本担任指导专家时，读到过这样一个故事。文中的小蜜蜂卡娅生性勤劳又随和，但她进入了完美敏感期之后，凡事追求完美，看到月亮变小了都要哭。她每天还要将桃花的花瓣数一数，必须是五瓣。可是这天晚上刮了风，外面落了一夜花瓣雨，真不知第二天早上卡娅醒来如何面对外面的情景。于是，妈妈叫来了姐姐们，一起用蜂胶将花瓣粘回了树枝上。这是不是一种溺爱呢？会不会使卡娅从此就变为只能生长在完美环境中的小公主了呢？宠爱与溺爱是有明确分界的：宠爱是在了解孩子、理解孩子的基础上，为孩子创造成长的条件，帮助他越过人生的一个个难题、一道道阻碍；溺爱是当孩子碰到一点点困难，就赶紧说“好的好的，我们不去了，我们不学了”。在接下来的外出探险中，黄莺和喜鹊告诉卡娅：蝴蝶不再跳舞，是在为产卵做准备呢；花瓣掉落，是果树在为结果做准备呢；月亮缺了一块，是在为月圆做准备呢。当卡娅再次回到妈妈的怀抱时，她说：所有东西都在发生着变化，没有一个是固定不变的。

与追求完美的敏感期相对应的，是他们这时很害怕被“嘲笑”。不管是基于什么情况，只要你一笑，或周围有人笑，他便认为这是在嘲笑他，他会做出激烈的情绪反应或拒绝参加一切活动。桔子4岁左右的一段时间，我连在家正常地笑都不可以，每次只要我一笑，她就反应强烈：“你嘲笑我！”这时，我们需要理解孩子并要有足够的耐心。

我接触过一个孩子，他十分皮实，打打闹闹从来不哭，老师批评他时他也不在乎。大家都觉得他有趣、开得起玩笑，就常围着他嘻嘻哈哈。他每次上台表演时的动作表情也常引得老师、同学哄堂大笑。总之，大家见到他就想笑，这种笑实际上是大家对他的喜爱之情。表面上看起来他很无所谓，但在内心里他一直认为大家的笑是“嘲笑”。所以他从幼儿园到小学，正式场合从不上台，拒绝一切大庭广众下的表演和展示。

我也专门想了办法应对桔子身上类似的问题。我向她模拟了许多种“笑”：微笑、愉快的笑、开心的笑、大笑、冷笑、苦笑、嘲笑、坏笑……当桔子明白“笑”有许多种后，就从“被嘲笑”的“小坑”中跳了出来。有一段时间，每当我笑了，她就会问：“这是嘲笑吗？”我回答说：“这是高兴的笑。”后来她就换了种“积极的”方式问：“你这是开心的笑吗？”我回答说：“是的。”大概用了半年时间，她就不再在意我的“笑”了。

再大一些的时候，孩子对完美的追求会表现为期待自己有更好的表现。

4岁9个月时的一天，我们受邀去参加一个英语活动，是桔子的好朋友邀请我们去的。有熟悉的朋友，又是一个节日活动，校方安排得很好，桔子本来应该玩得很开心，可是她却哭了好几次。

那天参加活动的小朋友有20多个，加上家长、老师和工作人员，一屋子有五六十人。外教老师先带着孩子们大声地喊“复活节蛋”“复活节兔”；之后是接力赛，用小勺运复活节彩蛋；然后是蒙上眼睛为复活节兔贴耳朵。活动开始没多久，桔子就回过头来焦虑地望着我：“我不会说，我不会说！”运彩蛋时她也不肯上台。外教老师请她到黑板上为兔子贴耳朵，耳朵位置没完全贴对，她又哭了起来。

对经常上台表演、学校又有特色英语课的桔子来说，这样的情况是比较反常的。活动中我并没有问她为什么或是去责备她，而是高兴地给她的朋友加油，还跟着外教一起大声地说。活动后半部分，她的情绪稳定下来了，最后外教发小礼品时，她认真而大声地与外教进行了沟通。活动结束后她还很留恋，在活动场地待了很久，回家后又学着做了复活节彩蛋，把彩蛋用双面胶粘在勺子上给爸爸变魔术，还教爸爸玩了运彩蛋、听声音找彩蛋的游戏。两三天后，经过交谈，我得知她并不是不喜欢这个活动，也不是不敢开口，而是希望在这样一个大场面自己有更好的表现。

有人说孩子越大胆子越小，其实这不是孩子的胆子变小了，而是孩子自尊心的发展使他对自己的要求变高了。

在4岁11个月参加一个童画机构的活动时，桔子明确地表达了她内心的感受："我会害羞的。"

听了她的表述，知道了她内心的真实想法，我尊重了她的"害羞"——我们只参加了部分活动，用了一半的时间观摩别的小朋友活动。第二天这个活动还在进行，我们又去了。这一次桔子积极地投入其中，还有准备地穿了小高跟鞋去。在穿上自己"设计"的别致服装、戴上饰物后，桔子兴致勃勃地参加了走秀表演，而且还走了好几趟。

对完美的追求表明孩子的自我意识与自尊心在养成。我们尊重了孩子，好好地引导了他，他的自我意识、自尊心就能成为他成长的动力，使他成为一个有追求并勇于追求的人。我们不以为然甚至打击了孩子的自尊心，孩子就会畏惧、退缩或是对什么事都表现得无所谓。

有时孩子会因为对完美的追求或自尊心使然，让我们大人很没面子。"你真没用！""越大越带不出去。"我们经常这样抱怨，觉得孩子上不了台面。但是，如果父母此时了解孩子的心理，就会明白：我们的面子与孩子的内心成长相比，孰轻孰重不言自明。

违拗敏感期——你说过多少“不”，他就会还你多少“不”

▼

强烈的违拗行为的出现，通常与孩子小时候（包括在婴幼儿时期）看护者对孩子说了太多的“不”有关。另一个原因是婴幼儿时期的强制行为，比如“过早的大小便训练”。

世界著名早期教育专家、哈佛大学“哈佛学前项目”总负责人伯顿·L.怀特曾负责过一个耗资巨大的研究项目——哈佛学前项目（1965～1978）。他在自己撰写的《从出生到3岁》一书中提到：“在孩子的发展过程中强制进行大小便训练是没有任何意义的，孩子到了两岁左右就会在相对较短的时间里自己学会这些事情。如果你试图在孩子14个月到24个月之间进行这种强制性训练，就会导致违拗症的提前出现，这是最令人头疼的阶段。”

我见过这种强制的大小便训练，通常是这样的：孩子一岁半左右，每天由保姆带着，被保姆长时间放在婴儿推车里，每隔15分钟左右就被抱起来强制小便或大便。印象里很少看见这种孩子做别的活动，就是在持续不停地进行大小便训练。“过早的大小便训练”或频繁地把尿，剥夺了孩子因基本生理需求而得到的满足感，容易引发孩子的焦虑情绪。而焦虑情绪更容易使孩子出现遗尿症。

我也遇到过相反的例子。一次，我去2岁的吉娜家做客。我和吉娜的外婆正说话的时候，吉娜不见了。她的外婆指了指沙发与墙之间的空隙："她在拉便便。"外婆接着说："吉娜便便不坐盆，也不让人把，她觉得羞羞，她要在这个空隙中自己解决。"

这样的例子比较少见，2岁的吉娜建立了便便时羞羞的概念，需要在便便时躲起来（这从某种程度上表明她的内心十分敏感）。家人对她的宽容，允许她躲起来自己解决，尊重了她的意愿，十分难得。

同时，我们也可以想一些方法，引导像吉娜一样的孩子消除"羞羞感"。比如不在他们便便时说"臭臭"，也不在倒便便时笑话他们，使他们能够更坦然地面对便便这件事。很快就要上幼儿园的孩子需要学习如何适应群体生活，学会自己拉便便就是其中最重要的一项技能。

还有一种强制行为是强制婴幼儿将玩具收拾整齐。有些家庭在孩子很小的时候，就反复练习并强制婴幼儿收拾玩具。玩耍后收拾好玩具当然是很好的行为习惯，但是当收拾大于玩耍时，玩耍就变得没有意义了。孩子从一个袋子里掏出玩具玩上一小会儿，通常只有十几分钟，然后就赶紧把玩具收回袋子，并放回原处，这样做会导致玩耍变得几乎没有深度。四五岁以后，孩子搭建一个军舰模型或复杂的城堡通常需要几天，模型在逐渐成形，城堡在逐渐显现。模型可能占领了一张茶几，城堡可能摆在了客厅的通道上，但那又怎么样呢！有些妈妈会催促孩子在爸爸下班回家前将玩具收好，有些爸爸妈妈下班后看到家里玩具满地摊开会很心烦。家长不耐烦的模样会使孩子渐渐失去对玩具的投入，转而关注"我是不是惹爸爸妈妈心烦了"，这是内心焦虑的开始。

"你必须……""你给我……"这些压制在违拗期来临时便会爆发。这时，不管父母对孩子提出什么要求，孩子都会一概回应"不"；父母每说一句话，孩子都会跟一句"为什么"；父母讲完道理，孩子又会跟一句

“我就不”。

对话一：

“明明，进门换好拖鞋吧！”

“为什么？”

“妈妈今天刚把地擦干净，一会儿亮亮还要来我们家做客，你们要坐在地板上玩儿。”

“我就不穿。”

……

对话二：

“乐乐，今天在我们家吃饭吧！”

“为什么？”

“今天阿姨做了好吃的菜，你还可以和亭亭一起吃。”

“我不要吃饭。”

……

这里的“为什么”并不是探求知识的为什么，而是“为什么要这样！”“为什么要听你的！”的潜台词，再加上孩子的语态、表情，犹如孩子的脑门上出现了几个字——我偏不！我就不！

不！不！为什么？为什么？这种应答最让家长“抓狂”了，很多时候，忍耐不了多久，火就上来了。当你不管对他说什么他都习惯性地说“不”时，当你每说一句话他都接个“为什么”时，当他不分场合、不分对象地说“不”或“为什么”时，说明孩子的违拗程度已经很深了。违拗既是敏感期内孩子的正常表现，也是一种心理上受到压制后自觉不自觉反弹的表现。如果孩子还有打布娃娃、故意摔坏自己的玩具、攻击小朋友等行为，那说明孩子的心理已经受到伤害，家长这时需要反省自己的行为。

说“不”是孩子证明“自我存在”的方式，但违拗并不仅以“不”的形式出现，违拗的本质是孩子的自我意志在形成，他希望自己能做主，他希望能有属于自己的权利。

“宝宝，走了，出门了。”

“我还没画完画呢。”

宝宝这时并没有说“不”。接下来你会怎么说呢?

“不画了，快点，大家都在等你。”——看，你先说了“不”。

“不，我偏要画。”——看，他和你杠上了。

“你走不走？我们不等你了啊！”

“啊，哇哇哇……”通常都是以孩子痛苦的屈服收场。

那怎么说?

“宝宝，走了，出门了。”

“我还没画完画呢。”

“画得这么认真啊，好的，我再等你几分钟。”

……

“好了，妈妈，我们走吧。”

看，大家都说了“好”。是我们大人先说了“不”，是我们大人太喜欢说“不”，孩子才跟着我们学会了说“不”，孩子还要用“不”把属于他自己的权利夺回来。那么，我们有没有想过不说“不”呢?

“爸爸，给我点儿饭，我想去喂狗狗。”

“不，等你吃完了再去喂。”

这种应答如果调整一下，该怎么说呢?

“爸爸，给我点儿饭，我想去喂狗狗。”

“好呀，你先快点儿吃，吃完了就可以去喂狗狗了。”

其实我们的本意是同意孩子去喂狗狗的，对不对？可是我们却说了

“不”。否定式的说话方式，可能与我们传统的思维方式有关：非对即错，非黑即白。有权威的人说话之前都要先说一句：你们说得都不对。

现代社会是竞合社会，竞争中有合作，合作中有竞争，这就需要包容。一千个点子、一万种方法，都有实现的可能，都有存在的意义。“头脑风暴”“智力爆炸”已成为现代社会前进的动力，为什么我们还要桎梏在自己这一个小点上呢？作为社会的一分子，我们成人首先应该改变说“不”的习惯。即使你还幻想着用“不”营造权威的氛围，那也是维持不了多久的，你今天跟他说了多少个“不”，他明天就会回给你多少个“不”。

所以为了减少违拗期亲子关系中的不愉快，我建议家长注意以下两点：

第一，不说“不”，而是说“好啊，你快快……你只要……”而且请你笑眯眯地说。

第二，还是不说“不”，而是向孩子解释其中的原因——“你看啊……因为啊……”而且请你笑眯眯地说。

这样孩子长大后，遇到什么事也会学着事先说出自己的理由，而且会微笑地、心平气和地说。这可是一项很重要的交流能力啊。你可能会问：这不就是整天和孩子讨价还价吗？我想说的是，“讨价还价”是一种十分有益的“思维训练”甚至是“生存训练”。在社会上生存，有谁可以命令谁、指挥谁吗？除了军队有铁的纪律外，生活中大家都是平等的，都是有尊严的，就应该相互协商、争取、妥协、讨价还价。这样的相处方式，既是对孩子的尊重，也是对他今后步入社会所需的交际方式的初步演练。孩子有自己的权利，这种权利即使面对父母时也是可以争取的。试想一下，一个在家里被你的“不”管得一动不动、被你的指挥棒指挥得团团转、你叫他往东他不敢往西的孩子，出了家门进入社会后，能积极主动、有智有勇地去争取自己的权利吗？当然，有一种孩子在外面会变成小霸王，那是对自己长期处于被压制状态的反弹、反叛，这种反叛通常都会过了头，直至走向另一个极端，那一定不是你想看到的。

薛涌在他的《一岁就上常青藤》一书中写道："独断常常是懒惰的结果。独断的家长不愿意花时间和精力向小孩子解释这些价值和规范背后的道理。帮助孩子理解自己所信奉的价值和规范，是当家长的基本要求。当你逃避这种责任时，孩子就可能反叛。比如你在孩子小时候呵斥孩子，吓得孩子按你的意志行事，短期内似乎省了不少事，但是孩子长大一点儿后，有重要的事情就不会找你商量，甚至隐瞒、反叛，惹出许多让你头痛的事情。最后你省下来的时间，要加倍偿还。结果让孩子听话的教育，常常造就了很不听话的孩子。"所以，当孩子表现出比较明显的违拗行为时，做家长的更应进行反思，包括自己的语言、对孩子是否多持否定的态度、对孩子是否过于严格甚至苛刻、是否有强制行为等。

现在，请试着将你惯常的"不"改为"好的""我认为"吧，真的会产生奇效哦。

赵宏老师点评

违拗（也称执拗）敏感期是让父母和养育者很抓狂的阶段，因为这个阶段稍不留意就可能导致孩子无休止的"无理取闹"。执拗敏感期可以说是秩序敏感期和完美敏感期的延伸和发展，是孩子自我意识的建立和对自己认定的秩序和完美的维护和坚持。在这个阶段，父母需要更加耐心和细心，理解孩子内心的秩序和完美，尽可能顺应、满足孩子对于秩序和完美的需求。有些父母认为孩子的很多行为是无理取闹，会比孩子更执拗地破坏孩子的秩序和完美，结果可能导致孩子没有得到这一敏感期的满足而把"执拗"固化为一种习惯行为，直至成人后出现更严重的问题。

知识探求敏感期——孩子也许有“十万个为什么”

3岁以后，幼儿对知识探求开始产生兴趣，6岁以后更有了探究事物奥秘的强烈需求。桔子4岁时通过《小威向前冲》明白了“生”，4岁半后就开始与我们讨论“死”，到5岁时则讨论“重生”。

每个人都会死吗?

每个人死后都会重来一遍吗?

我还会有这样一个家吗？一模一样吗?

我还会有一样的爸爸和一样的妈妈吗？否则我就不是我了。

我好想再当一次婴儿啊！你要好好照顾我啊！

有时她也会拿着一幅图像模像样地解说地球的变化，生物的变迁。

生命从哪里来，又到哪里去；生命终结了是否会重生；一切是否会复现……这是对于人的本源、自然的本源的追寻。作为父母，我们应意识到这种好奇心和求知欲比金子还珍贵，进而配合他们、满足他们、跟上他们甚至引领他们，帮助他们推开神秘的通往知识殿堂的大门。

但同样是知识探求，对待3岁的孩子与对待6岁的孩子，在方式方法上有很大不同。

比如同样回答“太阳为什么会落下？”这个问题：

对待3岁的孩子，我们可以说：“因为太阳已经工作了一天，它累了，它要早早地回家休息，好在明天早晨能早早地起来叫宝宝起床。”

对待4岁半的孩子，我们可以说："不是太阳落下去，而是我们的地球在转动。面朝太阳的一边，天空就是亮的；背朝太阳的一边，天空就是黑的。"

对待6岁的孩子，我们就可以拿出地球仪和手电筒，给孩子演示地球与太阳的运转关系。

也许你会问：那不是在糊弄3岁孩子吗？我要说，这不是糊弄，而是尊重每个年龄段孩子的心理特点和理解能力。3岁的孩子把什么都看成是有生命的，把什么都看成是我们的朋友。这时将太阳拟人化最能使宝宝接受。4岁半的孩子已经能够理解"转动"的概念，并能够想象球的一边被光线照射到而另一边没有被照射到的情景。而6岁以后的孩子已经有了探求事物真相的能力，可以在大人的带领下进行较为深入的研究和学习。

不同年龄段孩子的这些特点在电视节目《爸爸去哪儿》里也有很好的展现！

有一集有这样的情景，孩子们被派到猪舍中去完成任务，突然猪说起话来了（当然了，是爸爸们变声模仿的）。3岁多的小妹妹毫不怀疑猪会说话，迅速与猪攀谈起来。两个4～5岁的男生经过漫长的怀疑，终于相信猪会说话。而8岁的姐姐一下就辨认出给猪"配音"的是哪位爸爸，并快速地跑出猪舍找爸爸去了。

这，就是不同年龄段孩子的思维能力。这，就是年龄的意义。

以上阐述的这些敏感期，都是关于孩童早期行为或能力发展方面的，是外显的，是易于我们察觉和发现的。通过以上的举例说明，相信父母们都能够了解并感知。

而其他的一些方面，如视听敏感期、语言-言语敏感期、绘画敏感期、情绪与性格形成敏感期、社会性敏感期、自主意识敏感期等，有些需要有详细的定义与说明，有些发展时间较长需要大量的举例，所以我将在随后的章节详细展开。

实际上，在孩子成长过程中，敏感期不仅表现在行为、能力这些外显方面，也体现在情绪、性格、心理等这些内隐方面，后者更容易被父母忽视。而正是外显性敏感期与内隐性敏感期的共同发展，才造就了一个身、心、智更完整的人。在随后的章节中，我也会就内隐性敏感期进行详细论述。

敏感期，错过就不再。为人父母，我们要学会理解孩子、尊重孩子、欣赏孩子，与他们手牵手、肩并肩一起走过敏感而美妙的人生初期。

赵宏老师点评

敏感期是孩子发展的内在动力，伴随着一个接一个的敏感期，孩子也完成了人生发展中一次又一次的飞跃。有些孩子的敏感期会提前或错后；敏感期如果没有很好地度过，在6岁前部分孩子会自发地弥补错过的敏感期，六七岁之后则很难弥补。所以父母要给孩子足够自由的环境和无条件的爱，帮助孩子顺利度过每一个敏感期。

第二章

有效的早期阅读启蒙，这样进行

孩子睁开眼睛那一刻就可以阅读了

▼

孩子是从多大开始说话的？可能你会说1岁多。

孩子是从多大开始阅读的？可能你会说四五岁。

实际上，宝宝3个月就开始说话了，9个月就开始阅读了。

真的吗？

说话就从他微笑着“阿咕……阿咕……”地应和你开始。

阅读就从他对视觉激发图片或小画册很感兴趣，或是能盯着它们看，或是把眼珠子转来转去并且能认真地听你解说开始。

我时常深深地庆幸，桔子赶上了早期阅读的好时代。

从怀上桔子到她4岁多的近5年的时间里，我翻阅了大量心理学书籍、资料及相关报道，想从中搜集、学习适合婴幼儿阅读的材料及方法。但略感遗憾的是，我发现婴幼儿期的语言教育研究主要集中在语音、词汇、言语、会话学习方面，很少见到关于早期阅读的专题研究和长期追踪报道。在一本本厚达几百页的儿童心理学或婴幼儿心理学著作中，通常只有几页甚至只有一页用于描述婴幼儿期的阅读活动，并且只是泛泛地谈一下它的作用和可能产生的成效。另有一些书籍则是在谈论如何让3岁孩子认读2000～3000个汉字，这又是我不认同的。网络上的资料更是零散的、碎片式的。

所幸的是，在桔子6个月大时，我在新华书店买到了专门的婴幼儿视觉激发图片。2010年以后，适合婴幼儿阅读的“绘本”爆发式涌现，一批批好的绘本作品让人眼界大开，如获至宝。于是，我有了亲身体验与感受婴幼儿早期阅读的开展与成效的机会。

以往，人们认为培养阅读能力的最佳时期为5～12岁。但我认为这种观点只是关注了孩子文字敏感期的特点，这种阅读是属于左脑的阅读。而来自右脑的阅读，即图像敏感期的阅读实际上从0岁就开始了。所以我认为，培养孩子的阅读能力绝不能等到5岁以后，那样做反而会错过能促进孩子右脑发育的图像阅读敏感期。因此，培养阅读能力的黄金时期应该是0～12岁。

说起“早期阅读”，人们常常将它与识字联系在一起——不识字怎么阅读呀?

北京师范大学教育系刘焱教授认为：婴幼儿凭色彩、图像、成人的言语以及文字，来理解以图为主的低幼儿童读物的所有活动，都是早期阅读。如用拇指和食指一页一页地翻书；会看画面；能从画面中发现事物的变化，将之串联起来了解故事情节，了解故事中的各种人物关系；会用口语讲述画面内容，或听成人读书中的故事等，都是早期阅读活动。

日本绘本出版家、绘本鼻祖松居直先生在《绘本之力》一书中也谈道：实际上，孩子不是在看绘画，而是在读绘画。绘画是语言的世界，没有不能成为语言的绘本。即使是抽象画，也能变成语言。因为绘本有线条、形状和颜色，孩子正是在读存在于画里的语言，而且是同时用耳朵在体验语言世界。用耳朵听到的语言世界和用眼睛看到的语言世界，在孩子的心中融为一体，在这里，绘本便产生了。

同样，畅销书*BABY TALK*的作者、英国著名语言教育专家Sally Ward也认为：亲子阅读并不是教宝宝掌握阅读技巧的早期阅读教学，亲子阅读最重要的目的是让宝宝在一个愉悦的互动环境中体会书籍带来的快乐。

所以，在这里，我们首先应当对“阅读”一词进行重新定义。

传统的书籍主要以文字为主，几乎没有婴儿可以直接“看”的书。而5岁是孩子书面语言能力发展的敏感期，他们开始对书面文字产生浓厚兴趣，所以通常的观念认为：阅读的起始点应该是5岁，而且阅读的前提是认识一定量的字。不认字怎么阅读啊？在这种观念下，即使出现“早期阅读”的提法，前提也是孩子从0岁起就开始识字，2～3岁就要识2000～3000个字，这样才能在5岁时开始阅读。

现在，随着对婴幼儿大脑和心理认知的研究越来越深入，婴幼儿阅读从阅读的大概念中分离出来，有了更为专业的名称，如“早期阅读”“亲子阅读”“分级阅读”。很多专门供婴幼儿阅读的书籍横空出世（也包括电子书），它们有大而优美的画面，鲜艳的色彩，生动简捷的形象，丰富的、天马行空的、异彩纷呈的想象，以及极少的文字。

从广义的定义看，“阅读”就是“看书”。那么看图画书、看绘本书当然应该被纳入“阅读”的范畴。

所以，针对婴幼儿的“早期阅读”的概念就诞生了，它专指0～6岁的婴幼儿开展的阅读活动。“阅读”的年龄和内容可以这样界定：

1.以阅为主的时期——6个月～5岁，以图片、图画书、绘本为主的阅读。

2.以读为主的时期——5岁后，逐步开始以文字描述为主的阅读。

3.早期阅读活动是一个过程——是从看画面、听内容到理解、内化，再映射到实际生活中的一个过程。书不是翻一遍就“看完了”的，一本好的图画书的阅读应在20～50遍，包括仔细地看，生动地讲，有表演的复现，有绘画、有实物的模拟以及有生活中的实际运用。这才是真正地“阅读了一本书”。

别错过3～9个月的阅读启蒙

▼

从出生开始，婴儿就可以对光做出反应，视线可以追随物体移动，会特别注意视野中光线对比强的事物。3个月时，他们已经对视觉激发图片很感兴趣了。但是与观看视觉激发图片不同，阅读还是一个感知的过程，有倾听、有认知、有情感代入、有思维过程。但也正是基于婴儿视觉与听觉的发展，3个月时可以是婴儿早期阅读的视觉激发起点。

这时我们可以利用合适的材料对婴儿进行视觉激发。比如在婴儿清醒、精神状态良好的时候，我们可以拿出明暗对比强的图片，举在距离婴儿眼睛20～40厘米处，先稳稳地拿住让他看清楚，然后缓慢地移动，可以先朝右侧方向移动，宝宝注视着图片，头会跟着朝右侧方向转过来；停留片刻，再将图片向左侧移动，宝宝注视着图片，头也会跟着朝左侧方向转过来。

开始的时候，我们可以先用黑白对比较强的图片，过一段时间，再使用彩色图片。用彩色图片时要注意，先用单色的，比如满页的红色，用一段时间后再用白底衬托的大的红色的圆；过一段时间再用各种颜色对比鲜明的图片。

用于婴儿视觉激发的图片市场上有较多版本，黑白对比的与彩色的都有，但质量参差不齐，鱼龙混杂。有些图片的开发设计遵循了心理学原理；有些只是照猫画虎，不得要领。例如，有一些设计了非常复杂的棋盘格。殊不知，这样的图片在婴儿的眼中只是漆黑一团。另有一些则只是简单地用了水果或者小动物形象，形式单调，色彩僵硬。对此，家长要多做比较，谨慎使用。

随着视觉激发的进行，宝宝的视觉能力会得到很好的锻炼和提升，逐渐对颜色、形状、空间、层次建立起基本的感知。

经历了阅读启蒙的第一步，6个月后婴儿就进入了阅读能力的第一个黄金发展期。

出生6个月后，婴儿的听觉、视觉、注意力、感知力、思考力都有了较快的发展。5个月的宝宝已经开始将一些“语言”与特定的活动或情形联系起来。比如，他的名字，当你叫他的名字时，他会扭头回应你了。再如，当你给他看一组马的图片时，他已经能形成马的概念，而不会把其他动物当成马。还有，在与6个月大的宝宝对话时，要留给宝宝足够多的时间让他“回答”你；他已经懂得了等你说完才轮到他说，并且已经有了自己说了几句后停下来等你“回答”的意识。

建构主义心理学认为，幼儿在学习中不是一块“白板”，任何时候他们都不是空着脑袋进入课堂的，他们有已有的经验和“前结构”。他们可以基于以往的相关经验，对自身的各种经验进行重新组织，以形成对新问题的解释。教学应将幼儿原有的经验或前结构作为新信息或新知识的生长点或平台。所以这就需要在阅读开始之前，帮助宝宝建立一定的经验和“前结构”。

怎样使宝宝积累更多的早期“经验”，形成“前结构”？

在桔子4~9个月时，我带她进行了这样一些活动：

1.向她介绍周围的一切事物，对身边的事物多观看、触摸，目的是使她增长见识，积累对事物的认知，同时引导她观察、探索以及大胆体验。

2.创造丰富的声音环境，包括音乐、歌曲、乐器、童谣、自编应景儿歌、诗歌朗诵等，目的是让她学习倾听，享受倾听，感受声音的变化与节奏之美，建立声音与事物的对应关系。

3.带她观看篮球、网球、羽毛球、踢毽儿等运动项目，甚至带她跳广场舞、下水游泳等，目的是让她建立对动作的感觉。

4.我在玩具堆里加入布书、塑料书和硬纸板书，让她将书当作玩具玩儿。

伯顿·L.怀特的研究表明，在宝宝第7个月和第9个月时，有两个有关语言能力开发的关键：

1.区分和辨识话语中不同声音的能力以及理解词义的能力。

2.将熟悉的物品的图片与物品本身联系起来的能力。

因此，经历了“前结构”期，到8个月时，我就开始注意引导桔子将现实中的事物与书本画面上的事物对应起来。比如，我手中拿着一个苹果，然后手指着书中印有苹果的那一页，对她清晰而大声地说：“苹果，这就是苹果。”

这时的桔子还有一个特点，就是特别喜欢看照片，并指着要求讲，这就是她已经积累的“经验”在起作用。她能在照片上认出自己，认出妈妈，认出家里人。

看图片对于婴幼儿来说是一个将图片上的人和事物与现实中的人和事物联系、对应起来的很好的方法，也是一个锻炼孩子再认与记忆力的重要方法。从桔子半岁起，我拍了照片后都会较快地印出来给她看，大一点儿后每隔几个月或半年我就会更换一次家里的照片墙，每次都有几十幅甚至上百幅之多，钉在KT板上挂满整面墙。场景的再认、美好经历的回忆，不仅营造了温馨美好的家庭氛围，对孩子的思维能力也是很好的促进。这个方法我直到现在都在用。

经过3个月起的视觉激发，6个月起的“前结构”建立，9个月起的对应关系的形成（实物转换为符号），桔子对视觉激发图片已经有了持续的注视能力，在看书时能根据书页上的事物指认现实中的事物，能将“注视与听”结合起来，认真倾听他人对一幅图的讲解。桔子看到熟悉事物的画面会有肢体反应，如会笑、挥手、踢腿。这些都表明桔子已初步具备了同时倾听、观察的能力和初步的感知能力，这都是建立阅读能力的核心因素。

9个月起——以认物为主的常识性阅读

▼

第9个月，宝宝来到了阅读的起始点。没有故事、只画着宝宝所熟悉的物品的书，对于9个月大的宝宝最为合适。这时的小画册，书页最好是用泡沫、塑料、布、厚克度的纸张或硬纸板制成的。对于这时候读的书，10个月大的宝宝会用40%的时间来咬它们（因为这时他们正经受牙痒的折磨，一切物体都要首先用于解决这个问题）；还会花40%的时间通过撕扯和翻动书页来练习手眼协调能力。其余20%的时间，当宝宝注视书页时，他会听你讲画面上的东西。你可以指给他看，然后描述一下。他慢慢地就会发现，这个“玩具”是有变化和有意义的。他有时会将书递过来，让你给他讲。这时，他已经很专心了。再发展下去，他甚至比你还要有恒心，你不讲都不行了。

这时的图画书需要内容单一，色彩鲜艳但不能太复杂。婴儿的认读方式是整体认读，他会把一页纸上的所有一切都认成“这一个”，复杂的内容会造成宝宝认识上的混乱。

随着注视、倾听的出现，婴儿的注意力开始发展了。怀特在《从出生到3岁》中提到：“在一个研究中我们发现，儿童专注地注视物体或人的时间长度，与他们在日后的成就水平有着很强的正相关关系。另一项研究发现，当一个成年人与儿童谈论起正在注视着的事物时，儿童稳定注视这个事物的时间长度与其日后的成就有着更加密切的正相关关系。”这就是注视并倾听的意义。

9～18个月大的宝宝的阅读主要是视觉激发与视听联动，目的是使宝宝对图片产生兴趣，使宝宝在图片、词语和物品之间建立正确的对应联系，因此一页一图、一图一物的图卡或小书最适合宝宝。父母可以缓慢地，大声地，带着夸张的表情，语气生动、语音婉转地，伴有大量肢体动作地，重复地带领宝宝阅读。桔子7个月时的阅读以啃咬图书为主，这时的她对家庭生活照片倒是很感兴趣。到8～9个月时，桔子开始能短暂地注视小书上的图片内容。小书与玩具一起放在主要活动场所时，桔子会时不时趴着、坐着看上几眼。从10个月起，桔子开始“正式”阅读了。

所谓正式阅读，是指宝宝靠在妈妈怀里与妈妈同一个方向看书，书是按顺序一页一页翻看的，主要由宝宝翻书，妈妈协助。每翻开一页，妈妈都会将这页上的内容依次讲完，宝宝的注意力能持续几分钟，能专注地完成这一看、听的过程。到12个月时，桔子的注意力有了更大的提高，“专注地注视与倾听”已能持续15分钟了。她对图片上的事物兴趣浓厚，并能将其与生活中的实物联系起来。比如，每次讲到戴着眼镜的弯弯的月亮时，她总会回过头看我，因为我也戴着眼镜；讲到风，她就会把头低下，意思是大风来了、吹着她的脸了；讲到冰箱时她会把手缩回来，因为冰箱里面很冷。同时她还时常回过头来看我的嘴形，好像是在看我的发音方式。

18个月起——以复现为主的体验式阅读

▼

1岁半左右，当宝宝的“阅读基础”积累到一定程度，有情节的绘本阅读就可以开始了。有研究证明，宝宝进入14个月以后会更多地像成年人一样看书。这时，孩子语言能力的发展使他能够听你讲故事了。孩子强烈的阅读兴趣，也使他在听故事的过程中能获得极大的愉悦。

这时，有情节的绘本就可以派上用场了。

绘本起源于西方，英文叫Picture Book，顾名思义，这种书由“图”和“文”组成，图文相辅相成共同演绎一个故事。1910年，英国出版的彼特里克斯·波特的《小兔彼得的故事》，开启了现代绘本的历史，开创了儿童文学的新纪元。

松居直曾经用一个简单的公式形象地表示插图读物与绘本之间不同的图文关系：

图+文＝插图读物；

图×文＝绘本。

这也就是说，绘本绝不仅仅是图文的简单相加，图文必须相映生辉、共同演绎，从而讲述一个完整的故事。

由于此时孩子的直接生活经验还十分有限，不能进行创造性想象，所以复现式的绘本是最适合他们的，如《我爱妈妈》《我爱爸爸》《小玻去公园》《小玻去外婆家》《小玻去睡觉》《第一次坐飞机》《去超市》

等；还有用于动作的《跳》，用于语言的《棕色的熊》等。

这时，适合孩子的视频节目也可以起到弥补孩子创造性想象缺乏的作用。通过画面的流动，孩子可以知道从一个画面到另一个画面是怎么过渡、怎么发展的。对此，我还专门做过追踪研究。

桔子16个月时，我给她看了《鼹鼠的故事》中《鼹鼠当医生》这一集动画片。之所以选择这一集，是因为这一集中小鼹鼠为了给好朋友大耳鼠找药治病，游历了全世界。片中出现了世界各地的典型动物、植物，造型生动可爱、色彩鲜艳明快（但又相对简洁）、情节曲折离奇、情感真挚感人。光盘和图书是我同时买来的。如果光从图书看，一般会认为这是5岁儿童的读物，大开本50页。

由于这集动画片时间较长（30分钟），我把片子分成三部分给桔子看，第一部分看熟后再看第二部分、第三部分；看光盘的同时翻看图书，以回想、补充主要情节。

这集动画片看了1个半月。到18个月时，桔子就可以完整地阅读相应的《鼹鼠当医生》的图书了。如果仅从阅读的角度来看，我们完全无法想象一个18个月大的孩子可以完整地阅读长达50页的故事书。

研究显示，阅读开始得越早，阅读时思维过程越复杂，对宝宝的智力发展越有好处。1岁半左右的宝宝已经建立起自己的生活规律，阅读已经可以成为生活、活动的一部分，他想翻书就让他翻，他愿意看多长时间就让他看多长时间吧。桔子在1岁半时，每天早上起床后都有属于自己的30分钟阅读时间。

曾有家长问我，快20个月的宝宝，每天可以看两个小时的书，以前需要家长陪着，现在自己就可以阅读，要是有家长陪可以看一下午。首先我想说这非常棒，抓住宝宝的敏感期建立起了阅读的好习惯。同时，我也建议这样的宝妈，这时的宝宝还处于通过感觉认知世界的时期，真实世界里的色彩、形状、物体、交往对宝宝十分重要，亲身感受的意义远远胜于间接地从书本上获得。而且这个年龄段的宝宝的眼睛还在发育中，看远处的时间应多于看近处的时间，所以最适合的阅读时间是每次半小时左右。

2岁起——以模仿为主的表演式阅读

宝宝2岁左右时，阅读兴趣点已超越了识物图卡和一般陈述性事件，开始对社会交往、情感交流更感兴趣，并十分想模仿书中人物的行为、体验书中人物的感受。这时就可以开始表演式阅读了。

儿童心理研究学者丁海东先生认为，儿童自觉的理性意识以及抽象概括能力不发达或不成熟，相应地，感觉投入、动作参与、身体的直接体验就成了他联结自我与外部世界的基本方式。“表演”可以让孩子将自己与图画联结起来。

有的绘本故事情节曲折、人物形象鲜明、语言描写生动，很适合宝宝模仿表演。在边读边表演的过程中融入故事、走近人物，可以让宝宝获得更真切的体验。如《跟屁虫》《小蛇散步》《我爱妈妈》《我爱爸爸》《我要拉粑粑》《我喜欢玩》《动物模仿操》《我不想上学》《鳄鱼爱上长颈鹿》等绘本都有这个特点。

这个阶段，桔子经常为自己改名字，每天早上起床后都会为自己想一个新名字（绘本故事中的人物的名字），要求家人用这个名字称呼她，然后沉浸在故事的氛围或人物的特质中。如《跟屁虫》中的妹妹，凡事都跟随模仿哥哥。桔子读完后也很想要个哥哥，于是她也开始尝试妹妹学哥哥的样子。读《我爱妈妈》《我爱爸爸》时，桔子看着画面内容，回想着自己与爸爸妈妈相处时的情景，再模仿书中的游戏方式与爸爸妈妈玩，体验亲情的美妙。读完《鳄鱼爱上长颈鹿》后，桔子自己当鳄鱼，让爸爸妈妈当长颈鹿。桔子模仿鳄鱼为了送给长颈鹿一个世界上最甜蜜的微笑而做出的艰苦努力，从中体验到了友谊的甜蜜。她乐此不疲地模仿了不下50次。

有时在晚间阅读时间，一个小时我们只能阅读一本书，因为需要反复讲3遍。这是为什么呢？

许多书的画面非常生动有趣，充满想象，宝宝在开始的时候能坐在妈妈身边，看着画面，好好地享受一个故事。

讲到第二遍时，宝宝就动起来了，情不自禁地要模仿，或是加入一些自创的表情、动作，或是说其中一个角色的台词。

讲到第三遍时，宝宝就抛开画面，完全沉浸在对整个故事的体验之中。

这里我给大家讲一个《小蛇散步》的故事。

下了很长时间的雨，终于天晴了，小蛇出来散步了。途中它遇到一个大水坑，怎么办呢？小蛇想出了一个好办法：它高高地抬起自己的身体，嘿，头在水坑这边，尾巴在水坑那边，身子高高地拱起，小蛇变成了一座小桥。

正在这时，有只小蚂蚁说话了：“请等一下，能从你背上爬过去吗？”小蛇同意了：“可以，可以。”

小蚂蚁过了是小蜗牛，小蜗牛过了是小蟋蟀，小蟋蟀过了是小老鼠，它们一个接一个、一个接一个地从小蛇背上爬过去了，越过了大水坑。然后它们一起回过头来向小蛇鞠躬："真的是太谢谢了！"

小蛇十分开心，心里美滋滋的——想不到自己可以帮助这么多人。

这时又有声音传来："那就让我们也过去吧！"

这次小蛇想都没想，就说："可以，可以！"

这次要从小蛇身上越过水坑的会是谁呢？

大灰狼过来了，嗒嗒嗒，嗒嗒嗒。

大狮子过来了，咣咣咣，咣咣咣。

最后连大象也来了，咚咚咚，咚咚咚。

小蛇整个身子都被踩扁了，头晕眼花，连气都喘不过来了。

等所有的人都过去了，小蛇终于深深地呼了一口气，在心里对自己说："了不起，了不起！"

小蛇为自己感到自豪和骄傲——想不到自己小小的身体竟然帮助了这么多人，其中还包括那么多大家伙。

我在桔子2岁半时开始讲这本书给她。3岁以后，这个故事全都是用表演的方式来展现。宝宝做桥的形状拱着，在地上也好，在床上也好，各种小动物玩具、毛绒玩具、靠垫都会从她身上“爬”过，为了让她体验那种“眼冒金星”的感觉，有时我和她的爸爸也会趴在她背上。同时每当有“动物”从她背上爬过去时，我都会像书中那样，让爬过去的“动物”向她认真地鞠上一躬：“真是太感谢了！”

故事中那种被别人感谢的美滋滋的心理感受、那种帮助了别人的自豪和快乐深深地感染着桔子，使她在平日里与朋友交往时，更乐于助人，能更主动积极地展示自己的能力。这个故事一直到现在她还经常表演。

2岁半起——以想象为主的扩展式阅读

▼

典型的绘本有《好饿的小蛇》《小真的长头发》《月亮的味道》《地上100层》《地下100层》《乌鸦面包店》《米莉的帽子变变变》《子儿，吐吐》《巴巴爸爸》等，另外还有“POLO”系列以及“旁帝”系列，这些书中充满了神奇的想象，常常给人以意外的惊喜。在这类绘本中，图画与文字共同担当讲故事的角色，图画不再仅仅是辅助和诠释文字，而是成为宝宝扩展想象力的出发点、生长点。

桔子2岁时，我开始给她看几米的绘本《听几米唱歌》《月亮不见了》。几米的绘本画面充满了无尽想象和奇幻色彩，不需要文字，每一幅

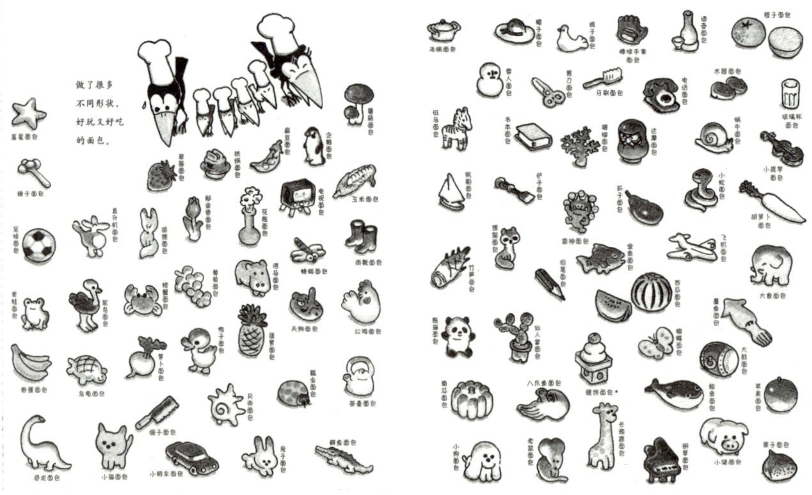

《乌鸦面包店》内文插图

你都可以随性发散，尽情演绎。她也不怎么要我讲，而是自己沉浸在画面营造的氛围中。《小真的长头发》将一个小女生对于长长头发的幻想表现得淋漓尽致，整个绘本生动而美好。《乌鸦面包店》则以另一种形式打开了我们的想象之门，三个小乌鸦为面包店设计了那么多样式新颖且受欢迎的面包。光是看清这些面包就需要孩子有很强的观察力和持续注意力。孩子还可以依此发散自己的思维设计出更多有特色的、新颖的面包样式。

还有一种适用于孩子的想象是“想象补全”。想象补全可以使静止的画面变得有生机、有交互、有情节、有声响。例如，下图是“第一次发现”系列丛书《恐龙》一书的插画。2岁半的孩子对这样的画面不可能有太多的感觉，对画面上的事物之间的联系也没有什么概念。怎样使他以此展开想象呢？

在阅读过程中，我先让桔子仔细察看了画面，看清、找出了画面中所有

的东西，包括各种恐龙、池塘、火山。然后结合画面晦暗的氛围，我讲道：

已经是傍晚时分，天就要黑了。

远处的火山喷着火焰，伴随着的是沉闷的轰轰声和滚滚的浓烟。

动物们来到小池塘边。这是它们今天最后一次喝水了，喝完水它们就要回家睡觉了。

三角龙来了。包头龙来了。池塘的另一边，雷龙也来了。

一切都是那样安静。

三角龙喝完水转过身来，包头龙跟在它身后。

忽然，大地开始震动起来，从树林那边传来了沙沙声，越来越近，越来越响，整个树丛都跟着摇晃了起来……一只巨大的霸王龙从树丛后面走了出来。

这时，三角龙想逃走已经来不及了，霸王龙看到了它，并向它一步步逼近。

看到霸王龙离自己越来越近，三角龙向后退缩着，它用发颤的声音向霸王龙喊道："别想吃掉我。"

霸王龙露出尖牙，"嘿嘿嘿……"地笑着，它向三角龙伸出了两个尖尖的前爪。

这时，三角龙停下了退缩的脚步，低下了头，头上的三个长角像三把锋利的尖刀向前伸着。"吼！"三角龙用尽全力向霸王龙奔去，三把"尖刀"一起插进了霸王龙的肚子。

刚才还在坏笑的霸王龙发出了一声巨大的哀号："嗷……我的肚子！"

就在霸王龙张开大嘴去咬三角龙的一瞬间，包头龙又冲了上来，用它尾巴上的大锤子狠狠地砸在霸王龙脸上。

"轰！"的一声，巨大的霸王龙倒在了地上……

三角龙拔出了它的角，和包头龙一起离开了。

夜色降临了，一切又都归于平静。小池塘边，动物们喝完水都回家睡觉去了。

夜空中回旋着霸王龙低弱的哀号和远处火山喷发时发出的轰轰声。

通过这个“想象补全”，孩子知道了三角龙、包头龙身上各长有什么“武器”，它们是怎样使用这些“武器”保护自己的；知道了霸王龙体形巨大以及巨嘴尖牙的特征；知道了小恐龙也可以凭借自己的武器和力量打败大恐龙；知道了勇气的力量；知道了团结协作的重要；同时也对恐龙时期的地貌环境有了一定的感知。

桔子深深地沉浸在这个故事中，为之着迷。每当晚上出去散步看到路边有低矮的树丛时，她便让我模仿霸王龙的样子先躲在树丛后面然后走出来，而她就是勇敢的三角龙，用手指当作头上的尖角冲向我。我还给她买了大大小小的恐龙模型，有可以组装的，有电动会走、会叫的。最后，一

只会吼叫的霸王龙和一只会闪光、会走路的剑龙成了她最爱的宠物。她经常假装给它们喂食，每晚放在枕边陪她睡觉。身边的人都说从未见过一个2岁多的小女孩把霸王龙当宠物陪伴自己睡觉的！

这种阅读会引发大量想象。

有了大量的阅读基础，桔子在生活中碰到类似情形时会经常说："就像……就像……"还经常表述："（主人公）他梦到……他想到……（因为）以后会……所以他（现在）……"

想象力的激发，也触动了3岁后的"读写绘"。3岁以后，因为有了前面100多本绘本的启发引导，加上对画笔控制能力的增强，"绘画故事集"便成为桔子表达想象、表现情感的"有力"手段。3岁4个月，桔子独立创意、绘制了自己的第一本绘本书——《小猫和小熊》。

小熊和小猫在玩躲猫猫。一只小猫，
穿着纱裙在跳芭蕾舞。一只小熊藏在树后面。

"POLO"系列也很适合4岁以上的幼儿阅读，它完全是无字书，充斥着奇妙的想象。桔子在4岁后看了"POLO"系列6本书后，被POLO

的形象和他的故事深深吸引，先后画了十几集有关POLO、莉莉和小绿人的故事。

①

②

③

④

仙子们陪小绿人玩儿，为它变星星、变云朵、变滑梯、变楼梯，保护它，不让它被狗咬到，还给它变浴缸和小床。桔子自己化身小仙子，表达了她对小绿人深深的喜爱之情。

在这类“读写绘”中，画的好坏不是最重要的，重要的是孩子丰富的想象、投入的情感及勇于描绘的勇气。

图画也是语言，是孩子情感的抒发。让他们张开想象的翅膀自由翱翔吧，把自己代入故事里；或重新架构故事；或模仿这个故事自己发挥一个；或学着故事里的人物装扮自己，照着故事里的物品设计一个，模仿故事中的形象创作一个……3～6岁，是孩子想象力最发达的时期；到7岁以后左脑发展了，他们就开始回归现实、回归理性了，到那时你也许会感叹“他要是像小时候那样想象力那么丰富该多好呀”。

3岁起——以学习知识为主的探索式阅读

▼

3岁起，孩子开始有了探求知识的愿望，绘本丰富的内容能为孩子提供各种观察、思考与感受的认知学习经验，能使孩子在阅读过程中产生对自然、科学、社会、艺术、人生的好奇心与探究欲望。所以，家长在选择绘本时，不要太拘泥于故事，可以有更为广泛的涉猎。如“第一次发现”丛书中的《恐龙》《深海的鱼》《我们的身体》《游乐场》《好吃的水果》《四季》《星空》《用小手摸摸》《河边的动物》等，科普类有《细菌大作战》《疼痛才会长大》《我们身上的洞》等，艺术类有《我的第一本艺术书》《365个艺术创意》《嗨，身体的各位》等。

《勇敢的三角龙》一套7本是这种知识类绘本的佼佼者（4岁后读最佳）。全书以一群三角龙为了生存而进行的长途迁徙为主线，讲述了三角龙一路上遇到的各种各样的恐龙以及它们或结伴或战斗的故事，展现了各种恐龙的特点，再现了恐龙时代的生存环境。每集故事结束时，还有几页专门介绍本集出现的恐龙的详细资料。

1~6岁持续进行——以情感体验为主的鉴赏式阅读

▼

还只有10~11个月大的时候，桔子就很喜欢看一家人在一起的或是表现母女情的情景图画。《1岁图画百科》中有一页画着妈妈抱着宝宝的温馨画面，桔子总是在开讲前就来到我身边挨着我坐好，等讲到这一页时便伸出手，人歪过来直至我抱住她，就像图画上一样，体验母女间美好的亲情。

情感是双向的，不光是父母向孩子表达爱意。通过阅读，孩子也能学会向亲人表达爱。看了绘本《我爱妈妈》《我爱爸爸》《小鸡叫叫》后，桔子被其中深深的爱意所感染，2岁的她学会了主动表达——我爱妈妈，我爱外婆，并与我们拥抱。一直到现在她都有从远处快跑过来扑进大人怀里紧紧拥抱的习惯。

绘本阅读还可以引导孩子的社会性交往，例如：我可以和你做朋友吗？我喜欢那个小哥哥！引导情感的表达，例如："我真高兴啊！""我生气了！""我不喜欢他！""他这样做是不对的！"等。

孩子还可以通过对绘本中描述的情景的模拟、再现，更为真实地体验其中的情感。桔子3岁时，我给她读了《传统童谣》中的一篇《奶奶夸我孝顺小儿》：

小板凳，三条腿，我给奶奶嗑瓜子。

奶奶嫌我嗑得脏，我给奶奶煮面汤。

奶奶嫌我煮得硬，我给奶奶剥花生。

奶奶嫌我剥得慢，我给奶奶蒸米饭。

大米饭，蒸得好，奶奶夸我孝顺小儿。

桔子对这首童谣印象非常深刻。当桔子的奶奶从外地来看她时，桔子就拿出这本书，一边念，一边按照书上的内容拿出了瓜子、花生，给奶奶嗑、剥；中午还淘米为奶奶煮米饭。奶奶像书上那样夸赞桔子是“孝顺小儿”，桔子高兴地抱着奶奶说：“奶奶你来了，我真开心啊！”奶奶听了开心得泪光闪闪。

另一次桔子看了几米的绘本《假如我可以许一个愿望》，其中一幅画面是：一个小女孩，她许下了愿望——好想再抱一抱暖暖的外婆啊，但她眼前的椅子上空空的。

“暖暖的”——简单的三个字深深地打动了桔子。再到外婆家时，她就扑过去抱住外婆：抱抱暖暖的外婆。然后她再扑过去抱外公：抱抱暖暖的外公。那两天外公刚病好出院，桔子温暖而甜蜜的拥抱让外公很是感动。

对于刚走过物权敏感期与完美敏感期的孩子，他们还有一个最大的特点，就是容易“念旧”，面对自己人生中第一批完全属于自己的东西，他们会有诸多“不舍”。《爷爷一定有办法》可以较好地帮助他们疏导这种情感。从自己还是小婴儿时就包裹着自己的毯子，随着自己慢慢长大变小了，变旧了，变破了，就这样丢掉吗？每次遇到这种选择，孩子就会将它递给做裁缝的爷爷，爷爷拿起剪刀，随即变外套，变背心，变领带，变手帕，变纽扣……给孩子带来安全感与内心抚慰的小毯子以另一种方式伴随在孩子身边，温暖着孩子的心。面对对旧物依依不舍、哇哇大哭的孩子，我们不妨像《爷爷一定有办法》中的爷爷一样多想想办法。

此外，还有许多语言优美、抒情味浓而故事性不太强的绘本作品，这类绘本适合父母大声朗读给孩子听。父母将自己对绘本内涵的感悟通过声音、神情传达给孩子，可以给孩子以强烈的情感熏陶、语言滋养和畅快的阅读享受，如《逃家小兔》《家》《妈妈，买绿豆》等。

在关心、互动中体验亲情与爱，这也是绘本所独有的一种效果吧！很多时候，阅读已经结束，可是关于文本故事的体验、理解、生成、生长才刚刚开始。这样的阅读带给家长和儿童的，不仅是心灵上的爱抚，更能教会我们在以后的生命历程中应该用怎样的语言和方式去表达爱！

2.5~6岁持续进行——以心理引导、性格养成为主的培育式阅读

我们先来看这样一个小故事：

一个小幽灵从山上逃下来，来到夏洛特家。

它自私，情绪化，它的眼里只有自己，把所见到的一切都说成“这是我的”。

它与夏洛特一起出去玩时，也会把所有的东西都抱住、抢走：“这是我的。”

夏洛特离开它，自己到一边玩儿去了。

小幽灵感到十分孤单，它难过起来。终于，它小心翼翼地向夏洛特靠近，并与她一起玩耍起来。它至少有几次接住了皮球却没有喊“这是我的！”——虽然中途确实有很多次它想把各种东西抢过来。

然后，他们回家一起做了煎饼。整个过程中小幽灵都很快乐。

这时，山上有人来找小幽灵了。那个人说出了它的特征：个子小小的、白白的，不是很友好，不愿与人分享，也不擅长和别人一起玩儿。

夏洛特会将小幽灵指认给他吗？

“没有！”夏洛特说，“我没有看到过它。我只认识一个很友好的小幽灵，它晚上会关灯，会给你放洗澡水，会帮你拿袜子，还会给三明治抹黄油，做很棒的煎饼。”

他们一起请来客吃了煎饼。小幽灵为他挤果酱，他们还一起跳舞。

客人临走时说：“你看起来真的很像我们的小幽灵，但你不是，你太可爱了。”

第二天早上起床，夏洛特发现小幽灵不见了，它回山上去了。

几天后，夏洛特收到了小幽灵寄来的一封信，信中画着它与同伴们快乐玩耍的画面。

是啊，那个来找小幽灵的人说出了小幽灵的全部特点，可是夏洛特却不这样认为，她眼中的小幽灵不是别人所看到的小幽灵。在没有成见、没有压力、包容、愉快的氛围中，小幽灵在变化着，直到真的变成了夏洛特说的那个小幽灵。

这个故事不仅我喜欢，桔子也很喜欢。刚刚走过“物权辨识期”的她最能理解小幽灵的心情：“这是我的。”在2岁半至3岁的那一段时间，她自己也是这样，甚至与故事中的小幽灵一模一样。但是我们并没有给她下定义、贴标签：不友好、不分享、不会与人玩。相反，我们会创造更多的机会让她去感受。当朋友高兴地围在她身边，然后又一个个离开；没有了欢笑声，只有孤零零的自己……渐渐地，分享、友情、一起玩耍的快乐远远超过了紧紧抱住自己玩具的拥有感……孩子将自己置身于故事中，仿佛自己就是那个小幽灵，想想小幽灵，再想想自己，她又长大不少。

现在，这种心灵成长式绘本已成为婴幼儿绘本中的一个大类。与这本《小幽灵》相类似的还有《青蛙弗洛格》、“蹦蹦与跳跳”系列之《有胡萝卜味的苍蝇吗？》、“折耳兔”系列及“贝贝熊”系列等。这类绘本通过社会交往、移情共情、自我认知、习惯养成、规则建立、性别意识等各类故事，在孩子情绪、性格、心灵成长的道路上伸出了援助之手，在教会孩子各种应对技能技巧的同时，也引发了源自孩子心灵深处的共鸣。

关于孩子的早期阅读，家长要做的事情

▼

早期阅读是孩子阅读的起点，由于这个时期孩子的各项能力都还在初步发展中，所以在开展早期阅读时，我们应该特别注意以下几个方面的问题。

选择与年龄段相适应的绘本

“相适应的图书”首先应该是与婴幼儿的经验积累和大脑发育的水平相适应，以使婴幼儿能理解并能激发其兴趣。太难了不行，太简单了也不行。同时，“相适应”也包括图像的表达、版式的编排要适合不同年龄段的孩子。

比如，桔子在4岁半左右对《我变成了一只喷火龙》《吃掉黑暗的怪兽》《乖乖小恶魔》这类书很感兴趣，能读几十遍，先是自己独立看，看好多遍，自己看够了、看爽了、看透了，再叫大人讲，然后再自己看，再叫大人讲，如此反复。不仅如此，她还要扮演，还要学着画，还要在某些时候按照故事情节进行延伸、扩展。而同样的年龄段她看《早起的一天》——这同样是一本很好的绘本，我发现她就没那么高的兴致。这与孩子的年龄特点与兴趣增长点有关。

有些绘本上标注着“适合3~7岁儿童”，而实际阅读中，每个年龄段的孩子的兴趣、特点都不一样，所以不一定都适用。同样是《早起的一天》，3岁的孩子阅读能读整整一年，因为它符合3岁孩子的心理和行为特点。而让7岁的孩子读，可能一年也读不了几遍。同样的书给不同年龄段的孩子带来的心灵感受或震撼是不同的。

在图书排版上，一幅图占据一页或一幅图占据一个跨页的排版方式，更适合婴幼儿的视觉特点，更有利于他们阅读。因为当一整幅有冲击力的画面展现在面前时，对婴幼儿来说，他们好像瞬间就能置身其中，钻到画面里去。

《小船的旅行》便是这方面的代表作。

跨页的排版方式，明亮而温暖的色彩，可爱的主体形象，简捷的背景，大而有对比的色块，拟人化的语言，最适合1岁半到3岁的婴幼儿阅读。

让孩子全身心投入所读的故事之中

在最开始阅读时，“抱”的确是最适宜的方法：大人坐好，将宝宝抱在怀中，共同注视绘本并用手指着所讲的内容。但稍大一点儿后，“抱”就不再合适了。因为“抱着”，不管是大人还是孩子，肢体的活动范围变小了，伸展不开，而且孩子看不到家长，看不到你的表情、神态，也看不到你发音时的嘴形。

阅读，阅读，要看还要读，而且“读”不仅仅是发出声音，还是发出有感情的声音。这种感情带动了表情，带动了肢体动作。所以读的过程中，应该有对画面的观察、探索性的描述、与说明文字相结合的讲解、肢体的模仿、扩展性的讨论……最好的方式是同侧或面对面坐着；孩子随着家长的手指仔细观察画面；家长讲或家长请孩子讲画面上的事物，讲正在发生或将要发生的事；然后家长结合书上的文字进行总结性的描述，描述时最好加上夸张的表情与相应的肢体动作，这才算是完成了共同阅读的过程。

就像前面提到的《小蛇散步》一样。讲这个绘本时，桔子常常趴在床上或地上，让我们把大大小小的玩偶或轻轻重重的东西放在她身上，让她体验不同“动物”走过她身上时的感觉，体验小蛇奋力坚持的状态，体验小蛇帮助了大家、牺牲了自己的精神与心情。

还有《透明的捡屑人》，桔子一周时间（第一轮）就看了30多遍，深深沉浸其中。这本书是一位外国老爷爷画的，讲了一个“透明的捡屑人”——小怪兽以及与它相遇的小女孩的故事。

桔子先是自己看，看了好多遍才拿来让我讲。然后她就像故事中的那个小女孩一样，经常在身边带着她的“透明的捡屑人”。她会走到我身边，告诉我“透明的捡屑人”就在这儿，它的鼻子已经伸到了盘子里；告诉我它很喜欢掉在桌上的饭菜；还让我摸摸它。“它很乖的，它身上有许多毛，摸上去毛茸茸的。”她说。她深深地着迷了，她翻来覆去地看，然后还画了好多张“捡屑人”。就这样，整整10天她都沉浸在这本书中，不看别的书，只看这本，然后还画、还演。之后，她才慢慢从这本书中走出来。

这是我们家这两三年来常见的一种情形。不少家长会为孩子沉溺于想象中的世界而担忧、发愁，但心理学家却认为“大量的此类行为是孩子发育良好的显著特征”。

妈妈，我做了香香梦，我梦到了……（借梦幻想）；妈妈，这是我养的宠物蜗牛席尼（玩具假扮）；妈妈，我是灰姑娘、爱莎公主、美人鱼、霸王龙、丑小鸭、罗拉、小丸子……（人物假扮）；妈妈，这是我的朋友小绿人（虚拟人物）；妈妈，这是我给你做的粉红糖霜蛋糕，请慢用（内容假扮）；我是姐姐，你是妹妹（人物设置）；老公，这是我们的孩子（情景设计）……从2岁多起，桔子就进入了一个幻想的世界，她用语言、动作、绘画沉浸在这个属于她的心灵世界里，乐此不疲。

“你应当鼓励孩子幻想和扮演的自然天性，尤其当他希望自己赶快长大的时候，这种行为会开始大量增加。”“创造性的想象是孩子的一个明显特征，并且常在孩子满三岁的时候出现。”“我们在能力出众的3～6岁孩子身上所看到的假扮行为特别普遍。我们在研究中发现，发展良好的孩子会比发展欠佳的孩子进行更多的假扮游戏。因此父母应当鼓励这种行为。”大量心理学研究都用肯定的口吻描述孩子的这一行为。

绘本故事引发的“代入感”（也就是自己好像变成了书中的主人公），会对孩童的社会化发展起到很好的促进作用。幻想着成为书中人物，孩子能更真切地感受到的“他”的感受、想法、心情，从而走出自我，感受他人的存在与需求，发展出更好的移情、共情能力，从而为今后进行社会化交往打下扎实的基础。

注重孩子思维力与感受力的培养

阅读绘本时，先不要急着读文字，而是先让孩子仔细观察画面，让孩子的想象在画面的基础上驰骋，先掌握绘本的整体意境。否则，孩子的理解就很容易只是机械地停留在故事表面。

纽约大学的研究人员在一项调查研究中发现，如果家长采用积极主动的朗读方式，并且在朗读过程中让孩子参与其中，那么孩子的阅读进度要比其他孩子提前6～8月。

从桔子1岁半起，我每讲一本新书时，都是先让她看清图书的封面，并猜测书名、想象本书大致要讲的内容，然后再展开。2岁半到3岁后，阅读方式逐步从——描述“什么时候？发生了什么？”转向——提问“怎么发生的？为什么？”阅读中开始引入大量的对话讨论与预期猜想。这种方法的长期坚持运用，使桔子养成了积极参与、乐于思考、敢于创设的阅读习惯和认真观察、仔细发现、综合推测的思维习惯。

孩子小的时候一定觉得坐在妈妈怀里听故事是件美妙的事儿，或是想尽快知道故事的发展与结局。可只是这样听听是不够的，阅读的过程一定要有孩子的参与，而且是大量参与：一起看清画面，让孩子猜测接下来会发生什么或画面中有什么温馨、有趣或滑稽的事儿，有些表情动作需要他模仿，有些话需要他跟着学，有些事情需要问他为什么会这样……只有这样，孩子才能深深地融入故事中，体会并理解故事的发展以及对于他的现实意义。

哪怕是第一次看某本绘本，也一定要慢慢看清楚、慢慢讲，不要因为孩子急切想知道故事结尾就把故事先大致讲一遍，然后再回过头来慢慢地看画面。因为第一次讲的过程中，孩子最投入，我们一定要让孩子体味这个心理、情感的发展过程。以后再看、再讲的过程中，我们可以强化孩子感触最深的情景和环节，把画面看得更仔细、更完整。同时，我们也要将故事进行现实的延伸。

2岁以后，孩子很喜欢模仿书中的人和事与你进行对话或进行虚拟活动；3岁多4岁时，模仿性的表演更是他们的最爱。我们可以利用孩子这个特点，让孩子复述，让孩子在情景中运用，以加深他们对故事、人物的理解与感受。

借助画面训练孩子的细微观察力与视线开阔度

婴幼儿视觉发育大大成熟后，他们就具有了观察细微之处的能力，而观察细微之处的能力的提高也是右脑正在发育的表现之一。1岁以后，桔子所看的画面逐渐丰富起来，我会有意识地把一些细微之处指给她看，并制造一些特别的效果，如声响、动作，让桔子觉得十分有趣，让她逐渐养成主动关注细微处的习惯。

桔子10个月大时，她看的第一本书是《0岁图画百科》。书中有一个跨页——海洋。黄色的鱼儿在大海中游动，散落在整个跨页中，还有一些只是半只——只有头或尾巴。通常家长讲到这里时就会说：“看哪，鱼儿在大海中游，有许多鱼……”同时用手指随意地在中间部位指着几条鱼。

我在这个时候充分利用这幅画对桔子进行了视线的开阔度训练。

除了介绍鱼儿在大海中游，我还把画面上的每一条鱼都指了一遍：鱼、鱼、鱼、鱼、鱼、鱼、鱼、鱼……那些只有头或尾巴的、只有半个身子的、散落在上下左右四周角落里的鱼都被我挨个指了一遍。

培养观察能力最忌讳的就是让孩子只盯着画面的中心点看，周围的则一律不管，这样会使孩子错过大量信息，其信息综合生成能力就会减弱。比如，他看不见（不能注意到）中心事物是在怎样的背景下生成的，有什么事物与之有着必然的联系，还有什么事物从旁边悄悄地移过来了并将对此事物产生怎样的影响等。孩子自然而然地会认为周围的辅助信息只是装饰性的、辅助的、无用的、可以忽略的。孩子经常会说：“没有啊，没看到啊，没听到啊……”这对今后的学习会产生不利影响。不善于观察、不懂得观察、不重视观察，就不能更好地进行信息的综合处理与预判。

桔子在两三岁时看《找一找》这类的思维训练书时，知道用手指从书上先绕着外围扫一圈，再绕着中围扫一圈。看图时也是，图的各个角落她都能看到，为阅读增加了不少乐趣，如《我们学校有条龙》每页图上都藏着的小鸭子、《天生一对》每页图上都藏着的小虫和蜗牛情侣，是她最喜欢找的。观察方法对了，练习时间久了，孩子观察能力就会提高，常常能在画面中发现许多意想不到的惊喜，且能抓住事物主要的、显著的特征。

训练孩子开阔的视野可以根据不同的画面特点，运用周边扫视法、对角扫视法、中心观察法、同向扫视法等方法，将信息最大限度地搜集、集成、分析、导出，从而让孩子养成好的阅读和观察习惯，这也将成为孩子今后学习中的一项重要能力。掌握了这些方法，在今后的阅读中，你就可以有意识地引导孩子，帮助他养成有序观察的习惯。以下是几个比较常见的视线训练轨迹图：

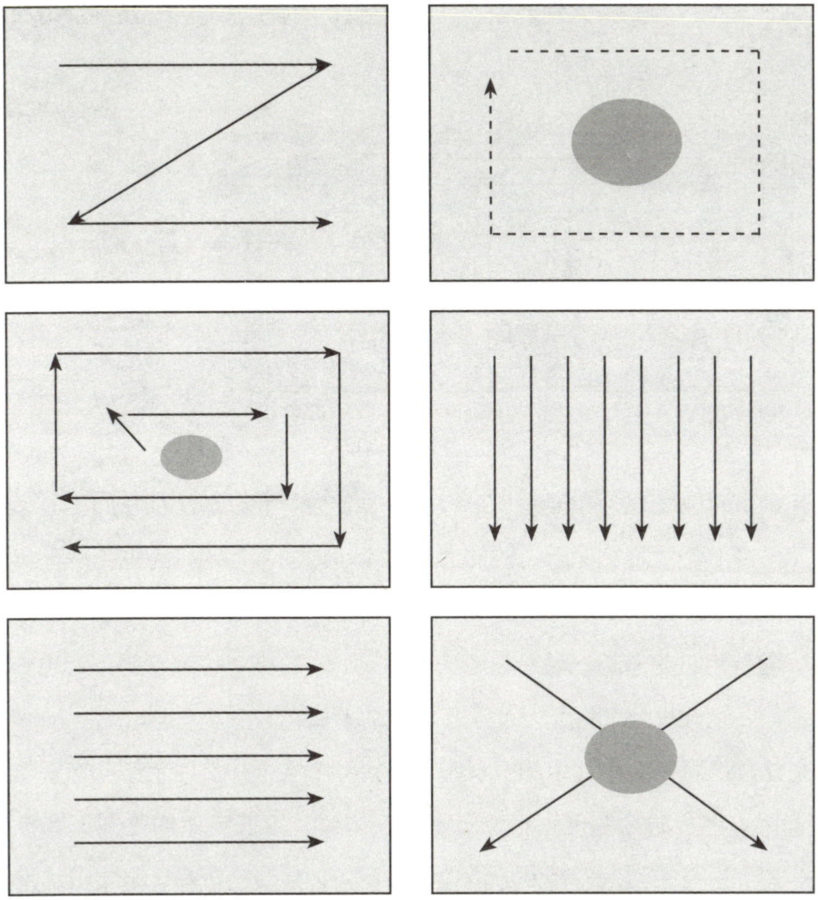

呵护孩子正在形成的注意力

随着孩子视觉、听觉能力的发展，“注意”的能力也在快速发展。例如，到1岁半时，桔子“专心地注视与倾听”的能力已可持续30分钟。

这时家长特别需要注意自己对待宝宝的态度与方法。

“注意”分为“专心地注视”与“专心地注视和倾听”两种。开始时，婴幼儿更多地只会“专注地注视”，还不能将“看与听”很好地结合。

伯顿·L.怀特对婴幼儿的注意力进行了追踪，以下是12～33个月的宝宝每日典型行为的占比发展图。其中浅色柱子标示“专心地注视”，深色柱子标示“专心地注视和倾听”。

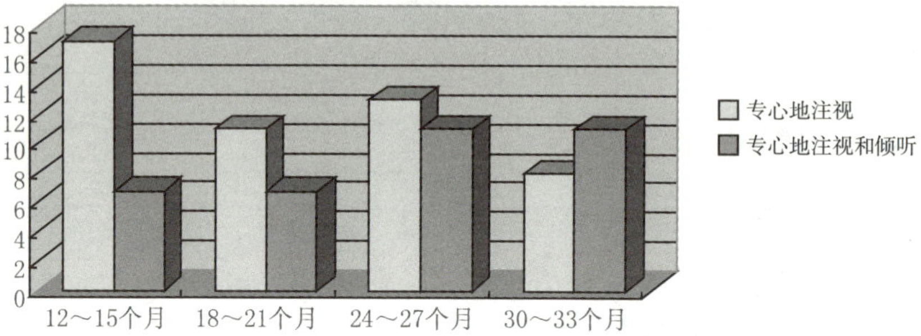

12～33个月的宝宝每日典型行为占比发展趋势

我们可以发现，在婴儿12～15个月时，他“专心地注视”的能力远远胜于“专心地注视和倾听”的能力。“专心地注视”的行为占到一天典型行为的17%，而“专心地注视和倾听”即“看并听”的行为只占7%。但此后，随着年龄的增长，“专心地注视和倾听”的能力稳步发展，到30～33个月时，这种行为占到了一天典型行为的11%。

这种注意力在生活中的表现常常是：当宝宝全神贯注于自己感兴趣的事儿时，你再怎么叫他，他都听不到。这时，家长要做的就是不要打扰他，不要以你对时间的控制分散他的注意力，如要吃饭啦、睡觉啦、该洗澡啦……如果以你的控制打断他，强迫他将注意力转到另一件事儿上，时间长了，孩子的注意力将不能集中，持续的时间也不会很长，总是显得心神不宁的样子，这将给他今后的学习带来很大的障碍。那些在宝宝小时候吆来喝去，完全以自我为中心，没有给宝宝足够的属于他的时间、空间的父母，终有后悔的一天。

伯顿·L.怀特谈到婴幼儿的注意力时说到另一种情况：不要强迫宝宝的注意力。在婴幼儿注意力发育早期，当他已将注意力转向另一件事物时，任何试图将他的注意力保持在某件特定事物上的行为都会“分散”他的注意力，使他的注意力在自身的注意对象和成人为之选择的注意对象之间摇摆不定，无法集中。这种强迫行为达到一定程度后，会使婴幼儿的注意力发展受到阻碍。

“宝宝看什么，你就说什么。”这是一个非常重要的原则。要注意他在看什么，然后以此为主题与他对话，并随着宝宝注意焦点的改变而不时地改变与他的对话主题。例如，宝宝拍着哪页图画你就讲哪页图画，宝宝选了哪本书你就讲哪本书。

此外，保持阅读环境的相对安静、平和，注意声音语调的抑扬顿挫，注意肢体、表情的表达，对宝宝注意力的发展都有很大的帮助。

保护宝宝的注意力，在他听不见你的叫声时你就稍作等待，等待他把一个“注意力”完成然后转向你——这是为人父母的一个小小的而又大大的“技巧”。

赵宏老师点评

注意力是人的心理活动指向和集中于某一对象的能力。对儿童注意力的培养应符合儿童的心理发展水平。儿童保持注意的能力随年龄的增长而提高，其中一个原因是中枢神经系统的成熟，所以强迫注意是没有意义的甚至可能适得其反。我在咨询中发现，过于主观、严厉的父母往往容易忽略儿童的关注点，随时要求儿童立刻把关注点转移到父母主观意愿的关注点上，或者强迫儿童完成过长时间的注意。这种教养方式常常适得其反，会阻碍儿童发展，导致儿童注意力低下，造成学业不良等问题，甚至还会导致注意力缺失，以致出现人际关系问题、情绪问题等。

讲绘本尽量用生动形象的语言

许多家长在为孩子读绘本时，只是照本宣科，书上写什么就念什么。但是，哪怕是最简单的婴幼儿图书，都有可发散的内容，都有与现实生活的结合，越是给小小孩讲，越要进行解释、说明、举例。

我们知道，阅读不是一次性的，对婴幼儿来说一本好书可能要读上三五十遍。一本好书也不可能只在一时读，可能2岁半读过了，3岁又读，3岁半读过了，4岁又读。所以，你也不可能在每次讲书时都讲得一模一样。

阅读也是一个逐步理解的过程，不可能读一遍就完全掌握故事的情节、内容和意义，所以语言也是一个发展的过程，生动有趣应该是绘本讲读的首要原则。开始时可以用口语化的、孩子能理解的语言来讲，让他对整个故事有个全面的把握，接下来再逐步用书中的词汇和语言进行讲解和朗读，直到他完全理解并对这些词汇有所掌握。另外，家长也完全可以根据自己孩子的实际情况，结合画面进行扩展或再创作。

总之，绘本的运用和讲解是灵活的，不要拘泥于绘本提供的语言。

现在有许多绘本并不对画面进行描述，而只是对图面的延伸意义进行提示。这就更需要我们对画面进行必要的语言补充。比如下面这幅图：

“嘿，这是我先看到的，放手！”

“天啊，这东西又旧又难看。”

“笑一笑，哥们儿，你可看着镜头呢！”

“孩子们，安静点，慢慢来。”

这幅画面真的只有这4句话可讲吗？显然不是。

对此，我十分赞同《学前儿童语言教育》一书的提法：

文学作品是一个开放的系统，必须有读者的参与创造才能放出奇光异彩。

儿童的心灵也是一个开放的系统，他们在感受、体验、移情、理解的同时，会情不自禁地进行复述、朗诵或表演，把自己的情感体验融入作品，不断地对原作品的形象和文学性语言进行再现、补充、扩大，甚至改造。

儿童对某些文学作品百看不厌，是因为每次欣赏都有新的感觉、新的发现、新的感受，也会有新的形象被整合到作品形象中。

在反复的相互作用中，他们自身也被作品同化，在情感、行为上趋向于作品中的真、善、美的形象。

在两个开放系统之间的相互作用中，文学教育的多元价值也得到了实现。

这说明，儿童文学教育活动与其他艺术活动一样，是一种创造性很强的活动，在满足儿童创造欲望、培养他们的创造能力方面具有特殊的积极意义。对于学前儿童来说，接受教育与参与创造是在同一过程中实现的。

利用画面发展宝宝的语言能力

我们知道，1岁半后，宝宝踏上了语言发展的快速路，词汇的掌握呈爆炸式发展。所以我们要尽量利用丰富的画面来强化宝宝的语言。

下图来自许多孩子最钟爱的绘本之一《卡梅拉》。

太阳快下山了。小鸡们抓紧时间在睡前疯玩儿：滑滑梯、荡秋千、踢球、游泳……嘻嘻哈哈！叽叽喳喳！这是一天中最热闹的时候。

如果只用这么一小段话来描述这幅画面，我们是不是感觉太可惜了？

要想讲清楚39只小鸡都在干什么真不是一件容易的事，宝宝的自由创作时间到了。有主题、有情景的自由发挥，是锻炼宝宝语言能力最好的方式，也是观察力、想象力、思维力发展很好的促进方式。

重复、重复、再重复，直到看透了，内化了

在我定义的早期阅读中，一个绘本读20～50遍，才算“完成了对一个绘本的阅读”。这种重复与孩子的心理发展水平息息相关。

婴幼儿时期，孩子的认识能力、想象力和记忆力的发展还很不完善，不能像成人那样在较短的时间内接收大量的信息，所以孩子年龄越小，绘本讲读重复的次数就应越多。有时会听到家长说：“他一直让我讲这本书，讲这本书，讲得我都快吐了。”可你有没有讲到50遍甚至100遍？恐怕没有。那么你能做的就是：只要孩子需要，你还要不断地重复讲这本书，而且每次都要保持热情。（确实辛苦啦！）

第三章

孩子的语言能力不是天生的

0～2岁，语言能力发展的第一个黄金期

▼

说话是一个复杂的脑神经活动的过程。

我们惯常所说的“孩子一岁多就会说话了”，是专指孩子在经过一年左右的学习后，能够用我们成人教给他的语音和词汇，进行相应的应答交流的行为。但是在正确掌握并运用成人语汇之前，他有自己的一套内生语汇，在真正学会说话之前，他就用他自己的语言与外界交流，这就是他说话的开始。

宝宝出生后经过初期的“混浊期”，到第二个月以后，清醒的时间越来越长。他的听力、视力已有了发展，他开始关注外部世界了。喝好奶后，如果他还没有睡着，这时他会伸手蹬脚，玩弄自己的舌头。渐渐他注意到嘴巴能发出声音，他还会用小嘴巴吐泡泡。他的这项技能发展得很快，到第三个月时，他就能清晰地说出：“阿咕……阿咕……哦哦……”而且能和你一唱一和，有问有答，聊得十分开心。到5个月左右，宝宝能发出的声音更多了，比如尖叫、大笑。他的感知和运用能力已经很强，他已经具备了说话的能力以及说话的意识，并随时准备着讲出一句完整的话。但现在我们说的是要教婴儿使用成人世界的语汇，这是他要接受的一项重大挑战。

这时，宝宝很喜欢听温柔平缓的、元音拖长的、缓慢得类似唱歌的话语，例如，清晰的发音和词语间明显的停顿。他喜欢看你指着一个物体并

告诉他该物体的名称；自己在盯着一个物体看时，他也很期待你告诉他这个物体的名字。6～8个月的时候，他开始理解词语的意思，比如8个月时你对他说“灯灯”“沙发”“电视”时，他会指给你看。但这时，他的注视与倾听的能力还不能对等，他目不转睛地注视占一天清醒时间的17%，专注地看与听只占7%。也就是说他在看时常常听不到你在说什么，而是沉浸在他自己的世界里，或者他还不能将你的声音与他的注视物联系起来。他的这些特点也就意味着我们还得经过无数次的重复才能真正走进他的世界。

1岁到1岁半期间，宝宝能开口说话了，这时他已掌握了一定量的词汇，18个月常被称为“50个词里程碑”。这一开口之后便进入了语言发展的快车道，就像他刚学会走没多久就想跑一样，小小的宝宝出现了“词语爆炸增长现象”：1岁半时宝宝常说的词汇只有20个左右，21个月就能说出100个左右，到2岁时能说出300个——基本覆盖了日常口语中常用的词汇。到2岁半时，你可能就感觉到他什么都会说了。

桔子2岁时，我就觉得日常生活中的词汇她已经很熟识了，我们说的话已经没有什么新内容了，只是在重复每天的生活、活动。

这就意味着语言学习的第一个阶段完成了。

在宝宝语言学习的最初阶段，我们要注意以下几个方面：

第一，孩子说话的能力（说我们的话）不是天生的，是后天迎接的第一项挑战，所以父母需要有极大的耐心帮助他，通过说话刺激孩子相应的脑神经发育。

第二，在日常交流中要尽量用清晰、标准的发音和宝宝对话，说话时语速放慢些，让宝宝看着你的口型。这样面对面的交流是听广播、看电视所不能替代的。

第三，所学词汇与对应物最好有一个固定的空间或时间关系，如家里的摆设都在固定的位置，外出时也是相对固定的场景，等等。等到形成固定的对应认知了，再进行迁移。比如，小区里有许多大树，路上也有许多大树，小河边也有许多大树，湖边也有许多大树……从楼下的几棵树慢慢迁移、发展，从具体的某一棵树发展到树的大类，这样就形成了一个词的统合概念。

第四，孩子学说话是一个内化的过程，他在默默地“学习”，父母不能着急，不能总是说“怎么都一岁多了还不开口”，更不能将这种焦急的情绪传递给孩子。

孩子听音、辨音、学音有一个累积过程。大女儿卡拉1岁时被送回湖北奶奶家，2岁半回来时，说一口湖北话，发音时“d、t”“n、l”“f、h”不分，如“烫”说成“荡”，“飞机”说成“灰机”等。我们说普通话，她都能听懂，可是她明显感觉到自己发音的不同。我们从来没“要求”过她要讲普通话。但有时我们会善意地学她不准确的发音，如洗脚时她总叫“荡……荡……”，我们就会学她。后来有一段时间，她不怎么开口说话了。等到我们渐渐察觉到她不怎么说话的时候，忽然有一天她开口了，而且一开口就是标准的普通话。那以后，我们发现她再没有讲过湖北话，一次也没有了。

可见，孩子在学习时总是在心里默默积累，等他完成了一个系统的构架，形成了一个闭环，他就会选择一个突破口表现出来。

培养孩子的表达能力要注意5件事

会说与能说，一个指说话的能力，“他会说话了”；一个指说话的技巧，“他可真能说啊”。经历了语言学习的初级阶段，孩子学会说话以后，表达能力就开始向更高层级的阶段发展。家长要有意识地引导并帮助孩子向“能说”的方向发展。

说比看、听、读需要更大的智慧。“说”需要看了、理解了，产生了相应的思维反应，再组织好语言，最后有条理地表达出来。我们的文化中有一个根深蒂固的传统：重视书面语，轻视口语。孔子用“巧言令色”来表达他对能言善辩之士的蔑视，而我们推崇的神童大多都是学习书面语的佼佼者，一般都是用识字量多少、能背多少诗词来衡量。西方则非常重视“说话”的传统。在西方，演讲从公元前便备受重视，亚里士多德的《修辞学》便是专讲演讲艺术的。到了中世纪，演说被列为“七艺”之一。18世纪，坎普贝尔的《演说学讲义》被许多国家作为训练说话的教材使用。这种传统让西方人十分重视儿童的口语发展。

当今社会，随着中西方文化的交流与融合，西方崇尚的口语表达能力与肢体感染力也渐渐得到了我们的认同和重视。我个人也非常认同“善于表达”在工作与生活中的积极作用。

“能说”的培养包括几个方面：一是语言、词汇的掌握与丰富程度；二是思维的开拓与活跃程度；三是关注面的广度。

孩子两岁半以后，日常生活用语已经基本掌握，这时可以进入语言学习的第二个阶段。语言学习的第二个阶段包括帮助婴幼儿发展完整句子，帮助他丰富词汇量。如宝宝说："狗狗跑。"成人可以接着说："对，狗狗跑远了。"这时绘本可以成为帮助孩子丰富和扩大词汇量的好帮手。因为绘本中的许多场景和描绘方式在生活中是很难见到的，它为孩子开拓了一片语言学习的新天地。

语言学习进入第三阶段的标志是表达能力的提高，从复述开始，渐渐学着讲述、对话聊天，直至有目的地表达。桔子3岁半以后，有了更为强烈的说话欲望，对描述性的形容词很感兴趣。她跟着图书学，跟着iPad学，与同学朋友聊天，跟大一点儿的孩子学，还跟父母互换角色学。

桔子会在上学的路上将在iPad上学的"时间篇章"中的"过去、现在、将来"和"一周有几天"的解说词一字不差地复述一遍；在幼儿园给小朋友讲自己带去的绘本故事；放学以后邀请同学来家里做客，一起抱着玩偶在客厅表演自编剧……吃饭的时候，我总是被她指定为她的好朋友、新朋友、书中最感兴趣的角色、玩具角色……和她不停地假装对话、打电话。她还喜欢与爸爸演情景剧，她在黑板上画什么，他们两人就演什么。有时，我们全家都会投入绘本的情节和故事创作，一边讲一边表演。

我和桔子还经常"乱聊"，说属于他们那个年龄段的孩子的笑话："演砸了""大便""死了""马桶"……这些词汇是小、中班孩子的最爱，我们讲得乱七八糟，笑得东倒西歪。

电视片在这时可以发挥更大的作用。4岁时她看《樱桃小丸子》，只能看第一集，后面的就不太能理解，不太明白人物的对话。4岁半时就不同了，《查理和罗拉》《樱桃小丸子》替代了与她火热了一年的《猫和老鼠》，成了她的最爱。从只关注动作进化到更喜欢语言，这就是孩童从3岁半到4岁半的成长特点。她从中学习语言，梳理人际关系，不仅语言丰富了，还学习了怎样应对同伴关系，与我们斗嘴的能力也增强了不少。

3岁半以后，家长们逐渐就会发现有的孩子话说得多，有的孩子话说得少。造成这种现象的一个最重要的原因可能是家长对婴幼儿时期的孩子说话的态度有所不同，如：“宝宝，你的话怎么这么多啊，像个小青蛙似的真烦啊。”如果我们想让孩子能说会道、说得好听、说得丰富，就要更多地鼓励孩子表达，鼓励孩子倾听。我们可以利用孩子这个年龄段的特点，采用多种方法让孩子勇于开口。

第一件事：要孩子讲故事，怎么讲都行

3岁多的一天早上，桔子比我先醒，她爬起来拿起床边的一本书。那是一本简单的书，而且她也看过好几遍了。于是我说：“你先看一遍，给席尼（她幻想的宠物蜗牛）讲一遍。”可她却表现得很为难：“我不认识这里面的字！”

这个回答引起了我的注意，我就特意向她说明了讲故事和读故事的区别。以后再讲故事时，我们就一起把画面看清楚，然后由她先讲，主要讲：什么人，在什么时候，想要干什么。然后我再接着她的话进行补充、强化。

慢慢地，她就形成了组织语言进行表达的习惯，后来她越讲越能讲。

第二件事：多开展应景的语言游戏

孩子4岁后开始对描述性的形容词产生很大兴趣，成语和歇后语也成为他们的最爱。一次，桔子看VCD时了解了“猴子捞月”“海底捞针”“井底之蛙”“胆小如鼠”“海底捞针——无处寻”“竹篮打水——一场空”“狗长犄角——装羊（样）”等这些成语及歇后语，她被迷住了，常常要说一说、用一用。

歇后语非常诙谐幽默，如“大鼻子的爸爸——老鼻子”“大风天吃炒面——张不开嘴”“猪鼻子插大葱——装相”……于是，我就常常和她玩歇后语新编游戏和歇后语自创游戏。如饺子皮儿破了，让她先想想会发生什么情况，她说里面的馅儿都掉出来了，这样她就能理解“露馅儿”这个词的意思了。讲“黄鼠狼给鸡拜年——没安好心”时，我顺口编了个故事讲给她听，她深深地沉浸在这个故事中，对这个歇后语也记得特别牢。讲完后我反问她：“那么鸡给黄鼠狼拜年会怎样？”“找死。”她说。然后她又回顾了《不一样的卡梅拉》中小鸡的故事，认为给黄鼠狼拜年的鸡也可以是神鸡或者是得了神经病的鸡，于是答案发展成了3个：找死、神鸡、神经病鸡。

歇后语本身情景性特别强，再加上这样的想象扩展，就更让孩子喜欢。我们改造的最经典的一个歇后语是“猫舔虎鼻——找死”：

猫舔虎鼻——黑猫，上树。（神猫，老虎的师傅。）

猫舔虎鼻——花猫，找死。（普通猫。）

猫舔虎鼻——白猫，老虎爱上了她。（特色猫。）

不仅有改编，还有新编。如天冷了进浴缸洗澡，水有点儿烫，刚进去的时候皮肤会觉得很痒。桔子就自己编了一个歇后语：浴缸里的水有点儿烫——屁股痒，之后每次洗澡的时候都会说。这些歇后语完全从自己的生活中来，有体会，也记得特别牢。这时，生动、幽默、诙谐或者风趣的词汇是孩子的最爱。

此外，“词语接龙”也是4岁半以后的孩子特别喜欢的语言游戏。坐在车上时、打发无聊的餐前时光时、全家聚会时，“词语接龙”都是很好的游戏形式。这时，幼儿已经掌握了一定的词汇量，他们很喜欢接受挑战，或是想显摆一下，很乐意将自己知道的用出来，说给大家听。

“词语接龙”的方式有两种：

一种是首尾接龙，即：大海—海边—边上—上面—面包—包子—子女—女儿—儿童—童话—话剧—剧团—团结—结婚……

另一种是重点扩词，也就是讲到一个字时，先将这个字能组的词接出来，然后选定其中一个继续往下接。如“大”：大海—大山—大地—大人—大碗—大家—大楼—大树—大车……然后选定“大家”再往下接。

玩过重点扩词后，就可以玩“词语接龙”的升级版，即每次说出的词不能重复——这是更大的挑战。

还有一个很好的方法——右脑讲故事法。

5岁后，我们常常与桔子一起玩连词讲故事游戏，也就是右脑讲故事法。方法是：将识字时用的词卡各自拿一些在手上，像打牌那样，每人轮流出一张。大家按照自己出的词卡各自讲一段话，每个人讲的话都要承接上家讲的情节。这个游戏意在考察人的思维、反应、想象、表达及随机应变能力。

第三件事：练习有目的的、有规定内容的阐述

有时家庭讨论可以围绕一定的主题，例如，孩子想买一件东西得有足够的理由说服父母，这个时候就可以练习有目的地围绕固定主题的阐述。

如桔子在“六一”儿童节很想得到一个照相机，这个愿望不能一下子得到我们的认可，而她又反复坚持。为了了解她对相机和拍照的理解程度，我们就要她讲出买照相机的理由并说服我们。于是，在几天的时间里，她反复思考，分别从照相机能够干什么、她将在什么时候用照相机、为什么这个时候需要拍照、拍出来的照片又有什么用等方面找到了理由，并且不断补充完善。最终，她得到了那台她心仪已久的照相机。

还有些时候，我们在进行家庭活动或游戏后，会逐一进行评论，评论自己，也评论他人。这些都是很好的锻炼思维与语言能力的方式。

第四件事：耐心等待孩子开口

“能说会道”是孩子思维能力与词汇运用能力逐步成熟的表现之一。

2岁以后，就要逐步让孩子养成把想说的说出来的习惯，例如，向成年人表达爱意或表达轻微的不快；确定任务难以完成时向成年人寻求帮助，等等。如果不能养成这样的习惯，那么到了4岁甚至更大，他还是只会“嗯嗯啊啊”叽叽歪歪、摔打东西甚至哭闹。

在4岁以后，我们还要忍受孩子的大话、诅咒、无厘头、结巴……

桔子4岁以后在这方面表现得极为明显，说话迟疑，好像脑子里有许多词汇挤在一起，而她在拼命寻找最合适的。这时孩子的思维速度往往超过了说话速度，说话跟不上思想，想说的东西太多，一下子选不到恰当的词，但又很着急想要说出来，于是就变得说话不连贯，表现得犹豫不决，经常重复一个词或语句，看起来好像口吃。

有时大人会因为等不及就替他说出来，孩子于是就会跟着说：“对啊……是……有……”但大人这样做是不对的。因为这样时间久了，孩子就容易养成不再积极思考的习惯，等着大人替他说出来，脑子里的那些词汇好像也都不见了，只会随着大人应和。所以，我们一定要有耐心，让孩子自己努力说，让他自己说出来。

第五件事：多与孩子聊天

对于托班或中班的孩子，幼儿园一放学就要聊。在放学的路上，蹦蹦跳跳，叽叽喳喳，不经意间他就能把在幼儿园一天经历的有趣的事儿或印象深刻的事儿回顾一遍。

“今天你干了些什么？”这样的提问是无效的。一个妈妈曾经向我讲述，他的儿子回家后从来不和她说幼儿园的事情，甚至到大班了也不说。这位妈妈是位全职妈妈，她每天下午都会亲自去接孩子。我问她是怎样与孩子交谈的，她说："我接了他以后，一般会问他今天在幼儿园干了些什么，他都说不出来，后来干脆拒绝说，再后来我也就不细问了。"

这种情况并不是少数。

在幼儿园和小学门口观察，都可以看到一些小朋友见到亲人后叽叽喳喳、兴高采烈，说个没完。另一些小朋友却面无表情、沉默不语，跟在大人身后，没什么话好说。

托班时，孩子还不具备整体或顺序回忆一天生活的能力，这时家长可以根据幼儿园公布的课表来和他聊天。许多幼儿园会将班级一周课表贴在园门口的橱窗里。接孩子前，你不妨先看上一眼。

家长可以依据课表，有选择地用启发式的口气询问孩子：

今天苹果哥哥带你们活动啦（特色体育课）？都玩了些什么啊？那些圈圈你都跳过了吗？啊，真棒，宝宝的腿可真有劲儿！

今天的游戏课你到了哪个区域啊（混龄游戏时间）？有没有见到曼曼姐姐？认识新的姐姐了吗？她叫什么？你们是怎么玩儿的？

今天老师是不是带你们认识了秋天？秋天是什么样的？

今天中午吃炒面啦？好吃吗？宝宝吃得多不多？

今天有什么开心的事要告诉妈妈吗？

噢，今天你哭了，为什么呀？

……

一定要问得具体，要针对当天的情况发问。这样与孩子聊天有几个重要的作用：

1.锻炼孩子的记忆—回想能力。托班孩子的记忆是短暂的，但是经过我们有针对性的启发、提示，他也能够回想起来很多事情。记忆、回想是一种能力，需要长期锻炼。同时，记忆、回想对2～3岁孩子的脑神经发育有很好的促进作用。

2.及时了解孩子的在园情况。在学习、交友、群体相处、生活上如有什么不适，可以及时帮助孩子。

3.分享孩子的心理感受，及时化解孩子情绪上的障碍和不适，使孩子养成与家长分享感受的习惯，从而能让孩子从小做到不压抑、不隐瞒、不回避、不郁积，这可以让孩子敞开心扉，从小做一个充满阳光的人。

4.锻炼孩子的思维与语言表达。述说一天中的活动、感受和心情，为孩子大大扩展了聊天的内容。孩子需要整理自己的思绪，找到合适的语言，并且准确地将它表达出来。

到小班的时候，孩子已经能自己主动说一些了，但说的还是很少，通常一天中只有一两个记忆点。家长要耐心地以启发式的提问引导孩子说话。

到了中班上学期（4岁半左右），孩子已经能够说出当天先做了什么，后做了什么；在哪节课上学了什么，又在另一节课上玩了什么；中午饭全吃完了，午睡盖的被子有点儿冷；等等，并且可以很具体地说出4～5样。这个时期的孩子对一个活动可以描述出具体细节，如我打扮得最吓人，我唱歌的声音最响亮，给妈妈的爱心宝莲灯是这样做的……

在这个阶段，很多老师会在班级开展一项活动：每日自我评价。这一方面体现了孩子“自知内省智能”的形成与发展，即开始能够了解自己与他人的行为，开始能相对客观地评价自己与他人。另一方面这也说明孩子的顺序记忆能力发展得较好。这样，到了中班下学期和大班，家长可以采用“扩展、深入式聊天法”，依着孩子描述的印象最深的几个事件，深入地与孩子交谈，细致地谈论整个过程，谈论其中的感受；也可以扩展开去，将眼下这件事与以往发生过的事联系起来，从而使聊天、谈话的内容变得更为丰富、更加深入。

在温馨的睡前聊天中培养孩子的表达能力

睡前聊天，可以平复心情，增进亲情，更能使孩子愉快入睡，是很好的培养孩子表达能力的方式。待孩子洗漱完毕，父母抱一抱孩子，可以一起评论一下孩子的画，看看现在的画和以前的画有什么不同，哪里画得好，哪里有进步，最喜欢哪幅画；可以一起看看照片，回忆一下拍照片时做过什么事儿，当时发生了什么有趣的事。你还可以和孩子一起聊聊第二天幼儿园有什么活动，孩子对活动有什么期待或是想以怎样的方式、装扮参与其中；孩子在班里好朋友是谁，他们是怎样相处的，好朋友的优点在哪里；谁在幼儿园老是欺负孩子，孩子应该怎样应对；孩子最近想穿什么样的衣服，想买什么样的玩具；为喜爱的故事改个情节、编个续集……

睡前聊天还有一个最重要的作用，可以挖出潜藏在孩子心灵深处的小秘密，使孩子敞开心扉，与父母无所不谈。

桔子班里有个小女生叫娜娜，长得娇小可爱，很爱笑，嘴很甜，大家都喜欢她。但不知道为什么，很长一段时间大家都叫她“臭娜娜”，这可能是爸爸、妈妈对她的“爱称”被带到了幼儿园；可能是老师对她的“爱称”；也可能是小朋友都看《熊出没》，喜欢像“臭狗熊”一样称呼彼此，臭来臭去然后哈哈大笑……总之不管是什么原因，大家都习惯了叫她“臭娜娜”，而且都叫得很顺口。

开始也没什么，快到4岁时（4岁左右开始，小朋友的自尊心大大增强，那些伤及自尊的语言和行为会引起他们的极大反感），娜娜觉得“臭娜娜”这个称呼并不好听，她有了抵触情绪。但毕竟年龄还小，她还不知道怎样表达自己的感受，比如：“我不喜欢这个名字，我不喜欢这样叫我，再这样叫我我生气了。”或者是她可以直接告诉老师“我不喜欢你们这样叫我”，因为老师也经常这样叫她。所以她采取的方式是进攻式反击，凡是叫她“臭娜娜”的小朋友，她也会冠以“臭”字回击，比如臭成成、臭安安、臭吉米、臭当当、臭可乐……

小朋友都不喜欢被叫“臭……”，于是都会反击她。就这样，她每反击别的小朋友一次，别的小朋友就会变本加厉地回击她。后来一些男生甚至觉得这样很有趣，就成群结队地去攻击她，围着她一起叫“臭娜娜”，然后看着她焦急、生气又反击不过来的样子哈哈大笑。桔子也觉得这件事很有趣，回家后会讲给我听。到最后，全班同学都开始用“臭娜娜”攻击娜娜。

就这样过了一个多月，娜娜不会笑了。放学的时候她板着脸，小脸儿雪白，小朋友叫她她都不理；小朋友要和她拉手，她也没反应。看得出“臭娜娜”这件事使她郁闷了，而且还是比较严重的郁闷，否则一个刚满4岁的孩子是不会有这么大的心理压力的。

再后来，老师也察觉到了班里的这个情况，于是用了一个方法，教大家念顺口溜：“你臭我也臭，我臭你也臭，大家都臭烘烘。”于是小朋友们兴高采烈地在“你臭我也臭”的氛围中，忘记了去攻击某个人，很快就把这件事儿忘了。但对于娜娜来说，从事情开始到结束，经历了三个多月的时间，这对她小小的心灵是一次不小的磨砺与考验。

因为娜娜每天都是由外婆来接，她的外婆来去匆匆，很少与我们交流。放学时对于娜娜板着脸气哼哼对待同学的样子，她的外婆也一直是以“娜娜你怎么这样！”的方式对待。几个月过去了，一次我遇到了娜娜妈妈，与她进行了简短的交流。娜娜妈说："她回家都和我说好的事，不开心不好的事从来不说。"这正是许多家庭与孩子的交流模式。

另有一次，一位妈妈也向我提起她女儿在幼儿园受到的困扰。

一次，女儿回家后对我说："今天月月使劲儿拧我，我叫老师来看，月月还说是我打她。小朋友们都说月月撒谎，明明是月月拧我。"

女儿的同学来家里玩时也对月月的事儿说个不停："月月总是欺负亭亭，那天还拧亭亭的手，使劲儿拧，把她的手都拧得红红的。她还说亭亭打她，我们都说是月月打亭亭。"

有小朋友接着说："月月总是骂我们是巫婆，我们都不喜欢她，我们不跟她玩。"有小朋友还说："月月叫亭亭别和我们玩，月月又叫我们别和亭亭玩儿。"

……

小朋友们激烈地说着，犹如开声讨会。

在向这位妈妈询问时，我了解到原来她的女儿亭亭与月月原本是最要好的朋友，但随着亭亭有了越来越多的好朋友，和月月一起玩的时间大大减少了。所以我的分析是，亭亭对月月的友情渐渐分享给了其他小朋友，起码不像以前那样专一、紧密了，而月月十分想让亭亭回到她身边，于是她用了这些方法：经常在亭亭与别人玩时从身后打亭亭，打正和亭亭玩的小朋友，和亭亭说不让她和别的小朋友玩，和别的小朋友说不要他们和亭亭玩……当这些方法不奏效时，她就狠狠拧亭亭。

当然，她的方式受到了小朋友的反击、抵制和排斥，包括语言上的、精神上的和行动上的。

这种在交友中出现的状况，对两个孩子来说都是很大的心理困扰。亭亭是被攻击方，她的情况容易向家长表述，而月月是攻击方，她的心理与想法很难向妈妈描述。这个时候就需要妈妈有足够的耐心和技巧，挖出孩子心中的“秘密”，并帮助孩子走出类似的困境。因为只有在妈妈温暖的怀抱中、在孩子确认的安全与充满爱的氛围中，孩子心中的小秘密才会化作丝丝缕缕的线索，让父母来察觉、来把握。

睡前聊天可以给我们提供一个走进孩子内心世界的机会，同时我们也可以以此为契机，引导、开发孩子的口头表达能力。

第四章

呵护孩子涂涂抹抹的兴趣

婴幼儿绘画从什么时候开始——0岁

▼

4岁孩子为什么能在一年里画3000多张画

4岁以后，每个孩子都会表现出他特有的兴趣点。比如，有的小朋友喜欢拼图；有的小朋友喜欢搭建；有的小朋友喜欢唱歌、跳舞；有的小朋友爱好运动……而桔子是——喜欢画画。

桔子喜欢画画的兴趣并不完全是在兴趣班由老师带领、引导激发出来的。桔子在参加童画兴趣班的同时，每天自己也在家里画。她每天至少画30分钟，如果你中途不叫她，那她就可以画上45分钟甚至一个半小时。记得前几年看过一个电视节目，介绍一个五六岁的打爵士鼓的小神童，他每天唯一的心思就是打鼓，连吃饭都是急急忙忙的，吃完饭碗一丢，就坐到鼓边练习去了。他每天练习打鼓的时间长达10小时，真是有股疯魔劲儿。桔子似乎也在复制这种劲头，她常常外出回来一进家门，就扑在她的专用画画桌上，没有45分钟是不会尽兴的。到了晚上这个情形还会重复一次。早上上幼儿园之前，她也要争取时间画上几幅。还有一些时候她会将画笔、画纸带到饭桌上，或带到外出地点。

每天画这么长时间，还天天画，她在画什么呢？

她不画图形以及涂色完整的画面，她只画单色线条画；她不需要外人给她设定命题，不仿制老师教授的内容，她关注的是自己的内心世界和自己在生活中遇到的事。她画画常常不是一页一页地画，而是一集一集地画。她30分钟可以画规模二十页左右的故事集；1个半小时可以画60页，约为三四个或长或短的故事集。最长的一个故事集，她画了40多页。

4岁10个月时，桔子有了几百页单页画和由2000多张单页画组成的近200个故事集。这些单页画和故事集反映了桔子的生活、活动、友谊、情感，有大量的想象，有大量的心理活动——开心与难过、矛盾与冲突、追求与渴望。

有时看喜欢的绘本，她会数数这个绘本一共有几幅画，如果只有十几幅（因为许多绘本的画面都是跨页或一个跨页只有一半有画面），她会因为自己故事集的画比绘本上的画还要多而感到骄傲。

她画画渐渐达到了想画什么就画什么的程度。这些画中有写实的，如在海滩的躺椅上晒太阳、游泳、滑滑梯、野餐、印象深刻的旅游地、博物馆、水族馆；有看完电影、动画片、绘本后的模仿扩展，如《猫和老鼠》《侏罗纪公园》《疯狂原始人》《怪兽大学》《森林战士》《冰雪奇缘》《里约大冒险》《灰姑娘》《查理和罗拉》《小蓝和小黄》《小鼹鼠的土豆》及“POLO系列”等，她不仅模仿着画，还画了许多续集，有了属于自己的创作。

这些画都有一个显著的特点，就是用幻想的形象替代真实的自己，例如：

美人鱼（我）在沙滩的躺椅上晒太阳

开饭啦（我在小花衣家做客）

幼儿园里的体育游戏：过独木桥

《里约大冒险》之蓝金刚鹦鹉、红金刚鹦鹉与坏蛋

还有很大一部分，是她内心世界的表达与宣泄。桔子借助各种真实与幻想的形象，用表情、身体形态和装扮等表现自己的内心情感和情绪。虽然很多都是单色勾线画，不怎么着色，但形态、神态都十分生动传神，例如：

公主（我）与王子结婚了（4岁4个月画）

对各种交往方式的迷惘（4岁8个月画）

一片狼藉的教室与打斗中的同学——我不喜欢这样（4岁8个月画）

甜蜜友情带给内心的美好感受（4岁9个月画）

我们全家人都没有什么绘画细胞——没有这方面的遗传，也没有这样的家庭氛围。桔子为什么迸发出了如此热烈的绘画激情呢？随着她每天投入画画的时间越来越多，画作越堆越高，我也开始越来越多地思考这个问题。通过一次次与其他小朋友的画作的比较，通过与许多小朋友在生活、阅读、绘画习惯上的比较，我渐渐发现了几个可能有关的因素：

1.桔子在婴儿早期接受了大量视觉激发练习。

2.桔子在婴幼儿期阅读了大量的绘本。

3.桔子的绘画热情受到了保护和激励。

4.桔子的绘画感知在敏感期得到了较为适宜的引导。

5.还有你可能很难想到的一点是，桔子从小肢体运动较多，从小就很好的身体动觉能力也从一定程度上促进了她的绘画能力的发展。

画画从什么时候开始

说到绘画，它不仅有阅读的价值，还是婴幼儿艺术鉴赏的开始。“艺术鉴赏”这个词听起来神秘而遥远，好像和我们平常人无关。但是，它又与我们的日常生活息息相关。美国艺术教育联盟（Art Education Partnership）就一直强调婴儿期使用图画书的重要性：“一旦儿童熟悉了故事内容，成人就可以鼓励他们像欣赏故事一样欣赏插图。”同时，“儿童阅读得越多，他们开始注意和描述的细节也就越多”。

我鼓励桔子对绘本进行仿画、添画，对绘本中喜欢的人、物或情节进行扩展，或者直接把自己画进绘本中。所以许多绘本我都不止买一套，一套完整干净的留着讲，另外几套给她画。“绘本就是用来画的嘛！”“为什么他（插画师）能画我不能画？”这就是孩子的理解，是孩子在婴幼儿阶段的理解。“我要进去和他们一起玩……”“我来想个办法帮他打赢……”这种由绘本引发的情感和表达也是父母阻止不了的。因为通过这些方式，孩子开始明白：绘画就是用来表达的，表达自己、表达周围、表达情感、表达生活。对于婴幼儿来说，“把想法转化成图画表达出来，这是一个非凡的发现”。

在婴幼儿绘画能力的保护与激励方面，我有4个最大的心得：

1.只要孩子能握住笔了，绘画就可以开始了。

2.无条件地让孩子画，画一切他想画的。

3.鼓励鼓励再鼓励，赞美赞美再赞美，欣赏欣赏再欣赏。

4.在婴幼儿时期多多进行肢体运动。

什么是运动？当他挥舞小手、踢动小脚时，运动就开始了。什么是绘画？当他手握蘸有颜料的载体在任何材质上轻轻画过并产生了某种效果时，绘画便开始了。绘画绝不是：来，乖乖地坐在桌前，跟老师画，跟妈妈画。绘画是人与生俱来的本能，就如同吸吮一样。当那个神奇的时刻出现，绘画便开始了，是自发的、天然的。当孩子发现了这个神奇的现象，他的内心便被激活了。所以：

1.不论什么时候开始，只要那个神奇的时刻出现，它便开始了。

2.不论用什么，一切都可以。可能是你在家让他手握画笔涂画；可能是你带他出去玩儿，在回家的路上休息时，他用随意捡起的一粒小石子在石板、水泥地上轻轻划过；可能是小细棒在沙地上的勾勒；也可能是用手指蘸着打翻的牛奶在地板上画圈圈……

3.不论画的是什么，画什么都可以，画一切都对。

美国高宽课程在“学前儿童视觉艺术的发展”方面的观点对我启发很大。“最好的艺术表现发生在充满信任、支持和没有竞争压力的环境中。”当一个孩子创造出某种物体时，我们应当无条件地接受儿童对它的解释，而不要去管它与真实物体是否相似。父母在与孩子讨论绘画时应采用描述性的语言，而不是判断性语言，要说：“我看到……”或者“这让我想起……”而不是说：“画得真像！”“我喜欢它……”“它很漂亮……”总之，让孩子将自己视为艺术家并自我肯定，是对待进入绘画敏感期的孩子最好的方式。

对于上面提到的“多多进行肢体运动”，你可能会觉得两件事搭不上边：这与绘画有什么关系？可我想告诉你，这是培养孩子绘画能力的另一个诀窍。

我们都知道，除了画静态的事物外，绘画还需要表现大量的动态。常听车开得好的人说，方向盘在他们手中就好像已经与他们的身体合为一体一样，方向盘、车身、转弯，一切都是那么自然，这种“感觉”对他们来说十分享受。同样，绘画也是如此。运动量大的人，当拿起画笔描绘运动场景时，那种肢体的动觉、协调度与神态会自然而然地流向笔端，人物的动态是那样自然和谐，这些往往不是学出来的。

如果你仔细观察过，你会发现从小运动量小的孩子画笔下的人物都是僵硬的：他们直立着，两条手臂向身体两侧张开，目视前方……几乎每张都是这样，没有什么变化。学会画侧面后，他们笔下的人物要么是两臂两腿张开走路的样子，要么是坐在椅子上看书的样子。

而从小运动量大的孩子，他们更愿意表现动觉，他们的画作中有跑、跳、骑车、滑轮滑、滑滑板、游泳、爬山、跳舞、打架、飞翔、叠高高、倒立……他们在绘画时，和谐的肢体仿佛与画笔融为一体，他们的画是那样的生动流畅，画面充满灵性。他们并没有学过写生，没有学过素描，可是他们却紧紧抓住了绘画的精髓。所以，从某种程度上讲，绘画的技巧来自身体感受。

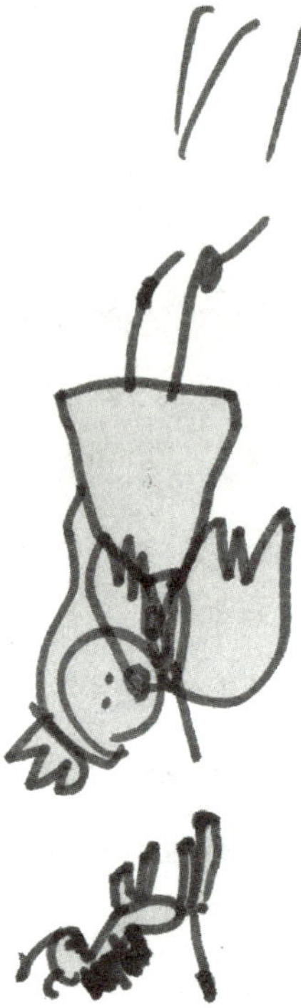

①小天使俯冲下去，去救掉下悬崖的小长颈鹿　②我与王子跳舞，王子把我高高地举起来

总是有许多家长问：孩子从什么时候开始可以画画？我认为这个问题可以从两个方面看：

第一，作为人类天性的“涂画”，它是与生俱来的。也就是说，绘画的因子就蕴含在我们每个人体内。这一点可以用来解释为什么孩子涂鸦是不用教的。

四五个月时，婴儿看到东西之后就会伸出手去抓、握，但此时抓、握的成功率不高。五六个月时，手眼的逐步协调使抓、握成功率达到20%左右。到8个月时，抓、握的成功率能达到100%了，这时婴儿就可以抓住笔画画了。

当小婴儿抓、握住画笔（或者树枝、长条形的石头等），然后以任何姿态（坐着、趴着、蹲着），在纸上、地板上、墙上、沙发上、桌子上、衣服上、身体上、床单上、瓶子上、书上、沙地上、泥地上、青石板上等地方轻轻地或重重地画出直的、横的、歪的、斜的、点状的、弧形的等一切笔触，并惊奇地发现手、笔与图案之间的关系时，他的绘画之旅便开始了。

第二，作为有表现、有表达意义的绘画，在孩子20个月左右开始出现。经过1年多的探索，幼儿开始对画笔（手、笔、刷、树枝、石头等）、画布（纸、地、布、沙、木头等）、色彩及画作（图形、图案）有了初步的感知之后，就进入了有序表达阶段。这也就是多元智能理论所描述的，将涂鸦这种“智慧”转化为有控制地“画”这种表达“能力”，从而形成了“绘画”这种智能。

在这里，我建议父母不要将涂鸦与绘画割裂开来，认为涂鸦不是绘画，而绘画就必须坐进教室、坐在桌前，好好地学、好好地画。绘画不是我们通常所理解的那样等孩子4岁以后进入兴趣班，由老师一笔一画教出来的。因为绘画不是一件从何时起到何时终的“事情”，而是一个不断感知、不断建立、不断发现、不断探索、不断发展的“过程”。

0岁涂画的三个“一切”

0岁涂画应该包括三个“一切”：可以用一切“画笔”；可以用一切“颜料”；可以在一切“画布”上。

1.可以用一切“画笔”

真正的画笔：油画棒、炫彩笔、蜡笔、彩色水笔、铅笔、钢笔、毛笔、鹅毛笔、粉笔……

刷子：油画笔刷、牙刷、刷墙刷、刷床刷……

自己的身体：手指、手掌、胳膊、脚、腿、屁股……

自然界的各种小物体：石头、树枝、树叶……

生活中的各种小物体：盖子、瓶子、硬币、挂件……

2.可以用一切“颜料”

笔上所带的颜料、水粉、墨汁、油画颜料……

口红、指甲油、胭脂……

水、汤、牛奶……

3.可以在一切“画布”上

纸、墙、地板、沙发、桌子、衣服、床单、硬纸板、纸筒、信封、瓶子、杯子、手指、手掌、手背、脸、胳膊、脚、腿、沙地、泥地、青石板、石头、玻璃、铁门、木头、黑板……

为什么不可以呢？有谁规定过吗？油画不是画在布上的吗？涂鸦不是涂在墙上的吗？衣服、床单上不也印有各种图案吗？书上不是本来就有画吗，为什么不能接着在上面画？……我认为孩子的想法很对，这一切都是可以的，不试过怎么知道呢？作为家长，我们要做的，就是为他准备好，在他需要时随时提供给他。

我们要为孩子画画做哪些准备

白纸：肯定没问题。一般的复印纸，一包500张20元左右，4分钱一张，建议直接买几百张回来放着，随时供应。4分钱换孩子一张画，4元钱换孩子100张画，你肯定在睡梦中都能笑醒。

书：绘本书的前后，有许多空白页或装饰页，告诉他可以直接在上面画。父母甚至还可以参与其中，给那些装饰画涂涂色，或添画一些与绘本内容有关的画面，从而形成绘本的一部分。这样做的好处可是大大的，不知不觉间他就会画故事书了。

地板：就让他画吧，地板上的好擦。你也可以铺开一张大纸让他坐在上面画。

墙：在家里方便他画的墙上，贴上大白纸（注意，一定是大白纸，可不是小小的A3纸或A4纸哦）。高度要和他的身高差不多，甚至是他的手臂举过头顶的高度。画满一层，再在上面覆盖一层。（这样还有一个好处，就是他所有的画都能很好地保留下来。）

如果你家是那种涂脏了可清洗的墙面漆的墙，那也可以直接在上面画，定期清洗一下就可以了。或许你还可以定期让孩子当小小粉刷匠，帮你把这面墙重新粉刷一下。这可是他最愿意做的事儿了。

沙发：在沙发上铺一块布（旧床单之类的）。你也可以专门为他准备几块色彩、图案不同的沙发布，专供他画，这还可以促进他的视觉发育，增强他对色彩的敏感度。

床单：你就牺牲两条吧。

衣服：与手拿画笔乱挥的小孩子在一起时，请自觉穿旧衣服。现在许多画笔、颜料是无毒可水洗的，所以你不要担心安全问题。

桌子、椅子：在上面垫上一层透明的塑料垫，让他画吧！经常擦洗就可以了！

身体：现在有专门的手指、身体颜料，无毒可水洗。

户外空地、泥土：你还担心什么呢？！

……

只要你准备好了这些，并且明确告诉他：在书本的这些部位画、在这面墙上画、在这个沙发上画……他绝对会遵照你的“指示”做的，因为是你首先说了“好呀，可以呀”，所以你提出的小小条件他也一定会遵守。

无序“乱”涂鸦通常只会持续短短的一年时间，最长不超过两年，这个时期很快会过去。接下来的日子，他就会大喊着：“妈妈给我纸！”然后好好地坐在画桌前了。

从桔子的成长经历来看，以上这一切，8个月的时候便可开始了（或许我可以更早地做尝试呢，比如，用她的小手指蘸着专用手指颜料，在白纸上点上一个个小圆点）。开始时她更多地握笔尝试，但她进步很快，到9个月时，便可独立坐在地上，在纸上画出许多连续的圆圈儿了。不同色彩的圆圈儿组合在一起很好看，甚至还有一些诗意。

这个时期你可能会注意到这样一些情况：

1.宝宝握笔的方式很奇怪，有时是拇指向上，笔头在小指端；有时是笔头在拇指端，整个小手向下翻转。没关系的，宝宝怎么舒服就怎么来。

2.这个时候给他一张90厘米×120厘米的大白纸，让他坐在上面画，他很享受。

3.这时家里的墙壁、沙发、桌面、地面、床单是不能幸免、统统要遭殃的。他那被激活的内心好像燃烧着小火苗，他总是跃跃欲试，要在一切可能的地方显示他的“魔力”。他不一定任何时候都在你规定的地方画，所以你最好跟着他，在他经常施展的地方做上防护，或者让画花的墙、桌面、床单作点儿牺牲，就当作纪念吧。

对此，我从来没有责怪过桔子。我一边引导她尽可能在纸上、本子上、墙上贴好的大纸上画，一边奋力地擦、洗因她的小宇宙爆发而在桌角、床单、地板上留下的痕迹。因为这个时候孩子还无法分清：为什么杯子上可以画而电视遥控器上不能画？为什么手上可以画而不能在身上画？为什么纸上可以画而床单上、地上不能画？这个时候能使孩子感到兴奋的是看到效果，而最使他感到兴奋的是在不同质地的材料上看到不同的效果。这是他自发的一种对绘画的探索与认知。这个过程一般会持续到2岁半。所以，不要阻挡他的探索之路，他想画就让他画吧！随他的便。

绘画感知的建立——1岁

到了一岁半，宝宝逐渐能控制画笔了。这时他的注意力还集中在“画笔”与“画布”之间的关系上，他非常好奇，时刻想着去尝试。

在桔子1岁8个月（20个月大）时，我们参加了一个早教机构的绘画课程，课程提供了大量不同的“画笔”和“画布”让小朋友感知和尝试。这使桔子对绘画的认识又有了进一步的提高。

这里的绘画不是坐着而是站着的；这里的绘画不是用小纸而是用90厘米×60厘米的与孩子身高差不多的大纸，贴在墙上，高过他们的头顶；这里的画笔不是细细的彩色水笔、蜡笔，而是中号的油画笔、刷墙的刷子、牙刷、毛刷、大石头、小石头……还有就是小朋友的手和胳膊；其他备用材料还有纸盘、瓶子、石头、胶水、茶叶、树叶、碎纸片、沙子、扇面、面具等。

在这里，我们经历了一年奇特的绘画感知之旅。没有人给你范本，老师只会给出一个主题，通过声音、动作、色彩、形象等提示，使小朋友对这一主题产生共鸣，然后挑选材料进行自由创作。桔子有时会遵照老师的主题，有时会有感而发。在这里，没有人会说你不对。

桔子画画一般都是自己独立完成的。在这个过程中我几乎从不动手帮她，但是会参与讨论或稍作提示。

比如，有一次的课程主题是：歌曲与情景。

老师先用一个道具让小朋友听“沙沙”声，接着唱了一首下雨的歌，并用手势表示下雨。

开始画画了，我问桔子：“小雨滴是什么声音？”“滴滴答答……”她一边说一边画了一些点。我又问：“那雨下大了是什么声音？”“哗啦哗啦……”她又画了一些弯曲的线。“那下大雨了又是什么声音呢？”“哗哗哗……”她使劲儿地画了一些密集的直线。

最后桔子还画了一个半圆——是哈乎乎（《花园宝宝》中的人物）。哈乎乎在看下雨。

联想、感受、表现，三种声音，三种表现方式，还有一个人物。这样，画面就很丰富了。

联想、感受、表现对婴幼儿绘画有着重要的帮助。到2岁10个月结束课程时，桔子画出了包含这些因素的、具有一定广度与深度的《我们的地球》。回家后我对这幅图的产生过程做了详细的记录。

今天的主题是：我们的地球。

老师拿出“实物”地球（地球仪），请小朋友们观察其形状、颜色，如地球是圆形的，蓝色代表海洋，绿色代表树木、小草，黄色代表沙漠，然后请小朋友们创作。

老师先发了蓝色的蜡笔。桔子把蜡笔横过来，用横截面涂了一大片天空，然后画了一个圆形代表地球。第一步完成了，接下来画什么呢？其他小朋友拿着蓝色的蜡笔反复画着圆。

“下雨了。”桔子说。然后，她用蓝色画了雨滴和雨线。

老师把蓝色蜡笔收走，又依次发了绿色、红色和黄色的蜡笔。其他小朋友继续用绿色、红色和黄色画着圆圈儿。

“我还要蓝色。”桔子说。她跑到老师那儿要回了蓝色蜡笔。

她在那些点的下面又画起了波浪，有柔滑的，也有锯齿形的，一层又一层，表示海洋很深。这样，整个画面都画满了。之后，她要求我为她画上“小蓝鲨”（那几天她正在扮演绘本故事中的小蓝鲨），她又画了2条小鱼——游弋在小蓝鲨嘴边。

最后，她又去老师那儿拿来了黄色蜡笔，在地球的圈圈里集中涂了一片黄色，那表示沙漠。她还让我在上面画了一头双峰骆驼。

在整个创作过程中，她画了地球的形状，但又没有局限在一个圆圈里，而是顺着蓝色将想象充分展现出来。中间老师打断她，收走了她的蓝色蜡笔，但她坚持了自己的主张——要回了蓝色蜡笔，最后完成了这幅画。

所以，千万别一拿到画笔就对孩子说“地球是圆的”，然后握着他的小手开始画圆圈儿。在这个课程中我见过很多这样的情况，老师要小朋友表现圆形，有些小朋友的奶奶或阿姨就赶紧拿起小朋友的手或是催促他们：画一个太阳、画一个苹果……可是，画完太阳、画完苹果后，就再也没有什么圆形可画了，到第十次课的时候还是一样——太阳、苹果，想象力之匮乏无以言表。而孩子也跟着就局限在这“太阳”“苹果”的圆圈中了。同样，这幅“地球”的画面上也就只有蓝的、红的、黄的等不同颜色的圆圈儿了。

当我向许多外婆、奶奶、保姆询问孩子参加绘画启蒙课有什么收获时，她们通常会回答我：“玩玩呗！玩玩呗！”所以我也想建议爸爸妈妈们，尽可能亲自参与孩子的早教启蒙课程，多数情况下，孩子与你都会有不小的收获。早教启蒙可不只是玩儿的。

从1岁8个月到2岁10个月，我与桔子共同经历了一次意义非凡的绘画感知之旅。效果自然也是十分明显的：

1.在对画笔的控制上，她能自如地用大笔并能很好地控制手腕与手臂了；

2.逐步建立了画纸的空间与表达之间的关系，有了上下、左右、宽窄的概念；

3.能将绘画与现实进行联结，勇于下笔，勇于表现；

4.在绘画表现中建立了绘画思维，开始能够表现出事物的关联、变化和发展；

5.逐步建立了美与协调的感知，有了对画面的掌握与控制；

6.建立了对不同画笔的感知，找到了自己喜欢用的——笔、刷、手、纸团；

7.最重要的一点，体验到绘画就是自由的表达，没有也不应有任何的束缚。

激发孩子潜在的绘画能力——2～3岁

孩子的绘画能力与生俱来，但也需要得到后天的唤醒与激发。就像音乐、舞蹈……这些能力也是与生俱来的，但也需要得到唤醒与激发。

回顾我自己小时候，那时并没有丰富的音乐可以播放，也没有视频节目观看，那个时候就是一次又一次地观看《红色娘子军》《白毛女》这些芭蕾舞剧。但就是在这样的一次又一次反复观看的过程中，我爱上了跳舞。记得我那时常常站在小竹椅上，奋力地踮起脚尖，模仿白毛女跳那经典一幕——深山出太阳。我还经常叫爸爸托住我的腰，把我腾空举起。有一次当得知学校要成立舞蹈队，我就自告奋勇地跑到舞蹈老师面前，大声地告诉她：我会跳芭蕾！

当然，我并没有成为舞蹈演员，但舞蹈在我的生活中烙下了很深的印记，成了我的一项爱好。我学会了欣赏舞蹈之美，CCTV的舞蹈大赛和近年的很多舞蹈比赛我都会留意观看，听评委的点评，叹演员的功力，甚至还带着女儿去追星。

话说回来，绘画也是一样。这种能力的激发并不是为了在今后让画画成为她的职业、让她成名成家。绘画不是为了成就，而是为了分享，为了表达。长大后它也可以成为孩子体验生活之美的一种方式。

绘本是最适合孩子的视觉与心灵的激发工具

与3个月以后给小婴儿看的视觉激发图片不同，绘本有情感表达以及对心灵的召唤。一页又一页，通过不同的角色、形态、色彩、情节……绘本开启了孩童的审美能力，更是抵达了孩童的心灵。

这时，绘画成为婴幼儿与世界沟通的语言，成为他最重要的非语言表达方式——比语言要简单、直接又充满情感的交流工具。甚至，它的表达更胜过说话。实际上，从人类发展历史上看，涂画也是先于语言而产生的“人类第一语言”。

“对那些刚开始发展语言技能的儿童来说，用视觉艺术形式来传达思想和感情可以极大地拓宽他们探索世界的渠道。孩童被提醒‘用言语’表达他们的情感和需要，但把视觉艺术融入儿童的生活，是给了他们另外一个合适且安全的表达工具。”有相关书籍这样写道。

在绘本中，婴幼儿可以发现，有的画家使用水彩以粗犷的用笔技巧进行创作，有的画家则使用细铅笔进行素描……画家运用多样性的风格和材料传递意象、情感和思想，可使婴幼儿意识到绘画与书本上的文字一样，是另一种表达形式。

用大而优美的画册让孩子置身其中

可以是来自想象的艺术类图画册，也可以是由实景照片组成的画册；可以是经典名画，也可以是普通的作品。

我常给桔子看《雷杜德花卉与果实全鉴》《海底天堂》《色彩的生命》这类的书。书中的表达方式、照片、图片对桔子有很好的视觉激发作用。而且这种图书都是大开本，画面大，色彩清晰，能够占据孩子的整个视觉范围，很适合孩子翻看。像《雷杜德花卉与果实全鉴》，画家采用水粉和铅笔，运用细腻的笔触描绘了上百种花、果的形态，逼真传神而又简约，很让桔子着迷。《色彩的生命》则通过摄影作品，尽显大自然中的色彩之美，色彩的流淌是那样自然且又震撼人心。

绘本中有《绿》《好忙的鸟儿》《小房子》以及米菲系列和几米绘本系列。

为孩子选择美术启蒙图书并跟画、添画

现在的美术启蒙图书较以前已有了很大的发展，大量的专业社团和美术专业人员开始涉足婴幼儿美术启蒙图书这一领域。大家可以根据自己孩子的特点进行挑选。比如《这是什么形状》这本书就不错。

啊，这就是我们居住的小镇。各种形状就隐藏在每一个角落。后面还有更广阔的画面呢。

这本绘画启蒙书对桔子的影响很深，从各种形状的启蒙，到各种形状在现实生活中的丰富呈现，充满童趣，很适合2岁左右的宝宝。其他还有《完美头脑创意手工游戏书》《创意美工》《创意涂画》等。

3岁以后可以用《我的创意画册》，4岁以后可以用《与大师一起创想》《我的第一本艺术启蒙书》《365个艺术创意》等。《与大师一起创想》中创设的情景十分适合孩子学画、跟画、添画，画面十分自由随性且富有启迪。

还有，如果你同意我在本章第一节中的观点，那也可以用绘本作美术

启蒙书，让孩子跟着喜欢的绘本书跟画、添画。

是不是都分不清楚哪些是原图？哪些是桔子的添画？

反复、深入、持续地观察生活中的事物

因为我们家没有养宠物，也没有养殖各种花卉植物，所以除了有意识地带她出去，引导她多观察外，我也会用另外的方法——观看有启蒙意义的动画片。

动画片与绘本不同。绘本是静止的，动画片是流动的。好的动画片对孩子掌握各种物体的姿态很有帮助。这里面的典型代表就是《猫和老鼠》。

桔子每次看电视的时间不太长，一般在45分钟左右，而且也不是每天看，但她从3岁半开始看《猫和老鼠》，一直看到4岁多，这大半年时间她只看这一部动画片。《猫和老鼠》是3岁半以后孩子的最爱。我们大人也许会觉得这部片子纷乱、吵闹，可孩子不觉得。他们这个时期最着迷的就是

这样的片子——滑稽、幽默、搞笑、机智，还带着一些发自内心的真情流露。这也是《猫和老鼠》经久不衰的原因。

iPad的出现，为婴幼儿反复观看他喜爱的动画片提供了更为便利的条件。几分钟一集的片子，桔子常常能看几十分钟。她不断地用小手在iPad上划动着，对她感兴趣的那一小段剧情反复观看，然后大笑着，学习汤姆或杰瑞的对话，模仿它们的动作。而且这种反复，孩子自己就能实现，并不需要大人帮忙。否则每次看时都得有大人陪在一旁替孩子按“后退”“快进”键，可能没有多少家庭能做到。

第一次看《猫和老鼠》时，几十集，她看了大半年，就这样翻来覆去地看，直到全部看得烂熟于心。然后在接下来一年她画的画中，几乎有一半的画面都有猫和老鼠。而她自己也化身为猫，用猫和鼠的形象来表现她的生活，表达她的情感。有一段时间她会经常对我说：“当你把我送进幼儿园，你走了以后，我就钻进电视机里去了，去帮汤姆打杰瑞了。我告诉汤姆叫他不要害怕，我来帮他了。我……”所有这些情感与想象，最后都成了她创作的一张张、一集集的绘画作品。

满5岁时，她又看了一遍《猫和老鼠》。这次她注意到更多细节，对猫鼠之间的关系也有了更深入的认知。10天的时间里，她又画了200多张有猫和老鼠的画。

《猫和老鼠》最大的特点就是追逐打闹，而追逐打闹需要有大量的身体姿态。这使桔子形成了与同龄小朋友大大不同的画风。

我们知道，4岁的小朋友已经可以画完整的人形了，但这个时期很多小朋友的画风通常都是“人物张开手脚站立着”，还很少有动作，即使有动作，也还不够协调。

我们看一下下面这3幅图，这些都是中班小朋友的画作。

这位小朋友的色彩感很好，色彩协调而多变，涂色也非常仔细，有很好的画笔控制能力以及很好的耐心。略显不足的是她在相当长的一段时间里，画笔下的人物只有这个姿态。

①

②

③

但在桔子的画中，无论是人物还是动物，都有很协调的身体姿态——坐、走、跑、跳、飞、舞等。

①驾驶着海豹战车冲出城堡

②粉红猫超人

③战斗猫

④鼠鼠公主抓住了野猫

⑤鼠鼠王国的猫猫公交车

⑥抓住了坏猫汤姆

⑦鼠鼠王国的猫公主

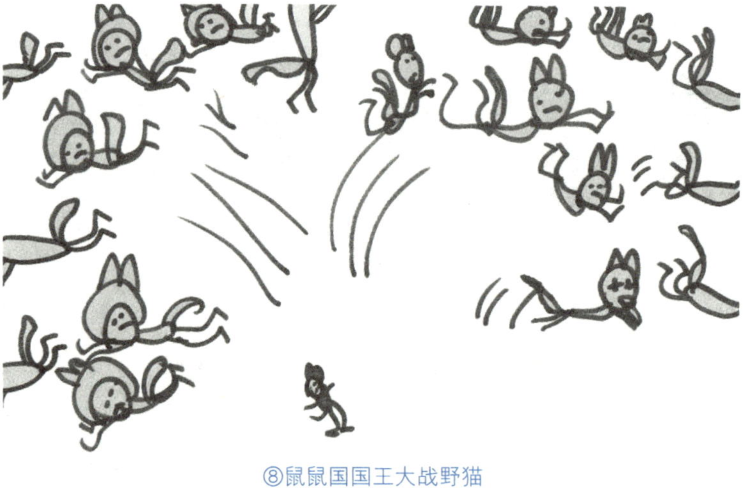

⑧鼠鼠国国王大战野猫

这些就是她花了半年时间“观察”猫和鼠的姿态得到的结果。当她过了4岁，进入了绘画的自由表达阶段后，那些人物或动物便活灵活现地出现在她笔下了。

当然，我们最好还是能带孩子去观察大自然，也可以在家里多种些花草或在家里养猫、狗、金鱼等宠物，引导孩子仔细观察。总之，只要是孩子喜爱的、能引起孩子强烈兴趣的都可以尝试。

以上的画面也一定能让你感受到肢体运动在绘画中的效果与意义。从小婴儿起进行的多种肢体运动可以促进孩子的右脑发育，激发孩子的想象力与创造力。同时，孩子还会将自己的运动感表现在自己的作品中，在绘画中更喜欢表现动态的人和物，使画面充满活力与灵性。

参加创意美术培训班

还有一种非常普遍、易行的方法，就是送孩子参加美术兴趣班。但前提是父母必须学会选择适合孩子的、在现代儿童教育观念指导下的、能保护孩子与生俱来的绘本天赋的美术兴趣班。

2岁10个月以后，桔子正式进入创意美术兴趣班。

杭州的校外兴趣培训市场十分火爆，绘画也一直是课外兴趣培训的主要项目。大女儿卡拉小时候，画画班基本分为两类：儿童画、水墨画。后来有了刮画、木刻、漫画。现在儿童画中细分出了许多门类：启智画、油画、油水混合、中国风、绘画与粘贴、拓印、装饰、版画、刮画、漫画……近年来最受欢迎的莫过于创意美术。

创意美术课有两大特点：

第一，它特别适合刚刚开始美术学习的小朋友。它集合了启智童画、创意中国风、创意油画、创意涂鸦、创意手工等多种美术形式，能使刚进入美术学习大门的小朋友在学习过程中建立对不同绘画形式的感知，并进而找寻、发现自己的偏爱和喜好，以便在今后更为漫长的绘画学习过程中逐渐靠近自己喜欢的方向。所以，如果你不知道给孩子选哪种美术班，那就上“创意美术”。

第二，创意美术，顾名思义，是把创意摆在首位，没有范例，没有条条框框，老师与小朋友共同讨论好主题后，由小朋友自由完成。当然在这个过程中，老师会对属于技巧的那个部分予以提示和引导，如构图、大小、方位、形状，但色彩、形态都由小朋友自己决定。所以每节课下来，即使是在同一个班，小朋友拿出来的作品也都是不同的。

创意美术课中肯定也是少不了儿童画的，但这里的儿童画不是生硬的描摹。在老师的启发下，孩子充沛的情感跃然纸上，给人以心灵的冲击。这样的作品通常是不能以年龄和画技的成熟来评判的。

许多材质和绘画方式都可以用于孩童对绘画的探索及绘画感知的建立。但在孩子2～3岁，最好能够采用几种固定的适合幼儿的方式循环练习，在反复的练习中使幼儿对材质的认知不断深入，对表达方式的感知不断加深，从而促进认知能力的健康发育，并逐渐内化、掌握，最终达到运用上的自如与感知上的进一步发展。

平日里美术课都是我带桔子去上，她爸爸或外婆外公看到她在美术班的作品时，有时也会提出疑问："孩子画得有这么好吗？""在家她怎么画不出这么完整的作品？"不少家长也会提出类似的疑问。

确实，在有些画上能看出老师帮助过的痕迹，有些看不出实际的帮助但肯定有提示，比如，眼睛画大点。还有些时候课程结束了，老师会特别提起："今天全部是她自己画的。"也许老师也正为此而感到欣慰呢。

绘画是一个感知、体会的过程，不是一蹴而就的，需要反复咀嚼、消化。在这个过程中，当你发现孩子能保持持续的兴趣和热情，绘画能力也在逐步提高，思维与想象没有受到限制，这就说明课程是适合他的。

所以，现在不是讨论参不参加的问题，而是怎样能够准确地挑选到适合孩子的兴趣班。

绘画能力的自由发展——3～4岁以后

▼

习惯了绘画这种表达方式，拥有了从未受过拘束的气质，3岁多的幼儿到了自然而勇敢地拿起笔来表现生活的时候了。

桔子在自由涂画时，渐渐由棒棒糖的圈圈发展出了人形和猫形。

很快，这种人形、猫形就固定了下来，有了自己的绘画风格。4岁以后，桔子的绘画热情像泉水一样喷涌出来。绘画成为她每日生活的一部分，仿佛那些从1岁开始看的几百本绘本已经印入了她的脑子，融入了她的生命，想都不用想，那些形象、那些情节便从她笔端流了出来。经常在早上起床后、下午幼儿园放学回家后、双休日玩耍回来后、看完一场电影后、看完一集动画片后、放下一本绘本后、外出旅游回来后、去了自然博物馆后、去了极地海洋世界后……她都会急急忙忙、迫不及待地奔向她的画桌。有时她还会将画笔画纸带到餐桌上，沙沙沙、哗哗哗……就这样一页又一页，犹如10岁以后的少年开始记日记。

写实、想象、再创造，在4岁之前，桔子已经有了很多属于自己的作品。

3岁9个月，桔子看了电影《疯狂原始人》后，很喜欢里面的角色“皮带猴”。除了喜欢学它标志性的说话声，她还画了《皮带猴一家》。其中，皮带猴爸爸的形象，是她要求爸爸摆一个姿势，然后依照爸爸的姿势画下来的，还戴上了眼镜，有一点儿写生的味道。

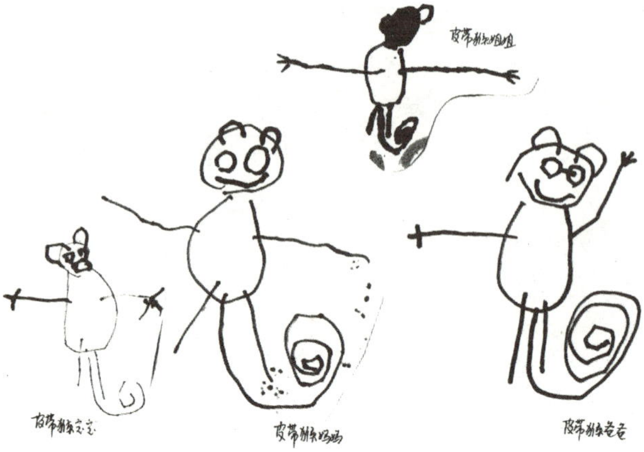

皮带猴一家

下面这个2页绘本是《浣熊妈妈生宝宝》。

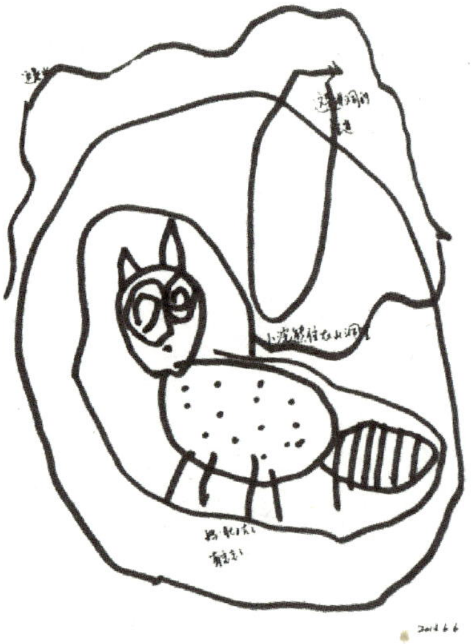

①浣熊妈妈住在洞里，洞有一个通道直达出口。浣熊妈妈的肚子大了，她就要生宝宝了。

②洞里已经没有妈妈了，原来浣熊妈妈已经生下了宝宝。小宝宝在洞里，浣熊妈妈则到草地上去找吃的了。

还有美国西部牛仔风格的大型“战争片”——《仙人掌与老树桩的大决战》（3岁10个月画）。

仙人掌拿着手枪，头戴牛仔帽。

老树桩拿着弓箭。

仙人掌的猫军团在首领的指挥下，越过了中线，勇猛地向老树桩发起了总攻。

老树桩的兵团很快溃败，四处奔逃。

其中一个神勇的猫勇士，已经跳上了老树桩的头。

3～4岁，孩童来到了从涂画到绘画的质的飞跃的起跳点。这个起跳点的标志之一，就是孩子赋予了绘画情感，绘画不再是简单的涂画与描绘，而是包含了情感与内涵的表达。

这个时候我们可以更多地带孩子去参加旅行或是充满亲情、友情的聚会活动。

桔子满4岁的一个假期，我带她进行了为期一个月的旅行。我们先在海边住了10天，然后乘火车去看爷爷奶奶。

海边的凉风、沙滩、波浪；老家的大山、菜地、池塘、猫、狗、公鸡、母鸡……当然还有许多亲人，这次旅行让我们收获颇丰。

在沙滩上、在二姑给的一大沓白纸上，桔子才思如泉涌，创作了厚厚的一叠“画集”：有写实，有创想，有连环画。一幅幅画面展现了她的所见所闻，表达了她的情感，寄托了她的期许。

我们来看一下她在海滩上完成的这幅画——《从杭州到朱家尖》。

画面描述了：我们从杭州出发，上了高速公路，又经过许多高架桥，一路上曲折婉转，最后过了长长的跨海大桥，到达了朱家尖（一个小岛）。

从杭州到朱家尖，自驾车要开3个半小时，全程高速。过宁波镇海后，舟山的跨海大桥气势恢宏，紧接着一连串大桥将座座小岛像串珍珠一样串起来，令人叹为观止。

桔子来到沙滩上，首先描绘的就是这幅图。这张线路图看似简单，但对于一个一路上坐在车后排的4岁孩子来说实属不易。这包含了她对坐车的时间长度、经过的路境的感受，还有她对路、桥、岛等形象的表现。这种对时间、空间和地理形态的表现，是孩子认知发展的重要体现。

下面这一幅是《我与亲爱的奶奶》。

虽然不能经常和奶奶见面，加上奶奶年纪大了也不能带她，但桔子的心与奶奶走得很近。回到老家刚和奶奶见面，桔子便拿出纸笔画了这幅画送给奶奶。画面上她笑眯眯地拉着奶奶的手，美滋滋的。更重要的是，奶奶的神态举止画得十分传神，动作也很生动。全家人看了都十分激动。

下面这一组绘画则表达了她接受“小妹妹”的心理过程。

桔子的二表嫂生了孩子后，桔子便有了小侄女。当我们告诉她这个消息时，她并不能明白“小侄女”是什么意思，还以为是一个和她一样大的小朋友的名字。当小侄女1岁半时，桔子第一次在二姑家见到了她。桔子发现“小侄女”竟然是一个“小妹妹”，于是她完全不能接受家里有人比她小、是真正的“小宝宝”这个情况。于是在画中，她把小侄女画得丑而奇怪，伸着舌头、长着胡子、头上的毛竖着，身子小小的，还把她装进气球里（见图①和图②）。

经过两天的接触，桔子开始接受小侄女了，在她的画里开始出现了小侄女。但这时她还是飞快地跑在前面，小侄女只能有距离地远远地跟在她后面（见图③）。

最后这幅画就完全不同了。很快，那种酸溜溜的心理已经过去了。桔子这个“大姐姐”带着小侄女在小路上疯跑，还骑着滑板车带着小侄女。蓝天、草地、金盏花和鸡冠花衬托着桔子愉快的心情。风迎面吹来，把她的头发向后吹着，看上去她好像扎了一个辫子。两个人都笑眯眯的，心情真是好极了（见图④）！

①　③
②　④

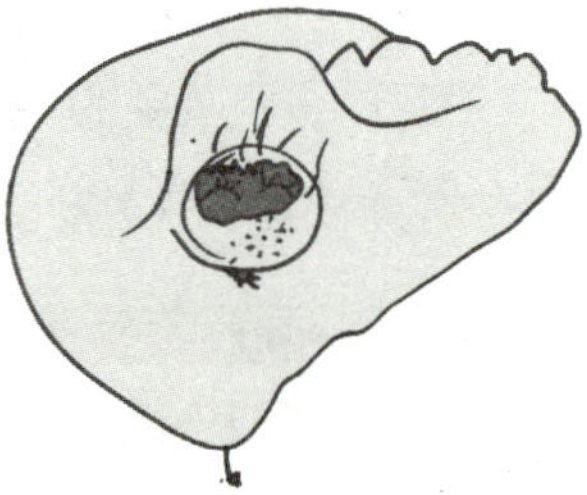

接下来桔子还画了《带小侄女上街》。此时的她不仅愿意独自与小侄女相处，带小侄女上街，还要承担起照顾小侄女的责任，满足小侄女的愿望，并且要解决一路上遇到的困难。

这几幅画让我们看到了幼儿对心灵与情感的表达，让我们透过图画察看到了孩子内心世界的成长。

从某方面来说，我反对“学画画”这个说法。因为绘画从本源来说，是源于对生活的观察、对生活的感知。比如，“近大远小”这个绘画规则。难道只有在课堂上被老师告知了“近大远小”后，孩子才能画出“近大远小”吗？观察孩子的画，3岁多时，孩子便可自发地表现出“近大远小”了。同时，在孩子的绘画规则里还有一条是成人世界所没有的：强者大，弱者小。在绘画学习时，老师最强调的是观察、采集。对于幼儿绘画来说，我想再加上两条：参与、感受。只有经过自身的参与和感受，经过感知的内化，付诸笔端的才是流淌于心的。

孩子画的到底是什么——儿童画的心理解读

▼

4岁以后，桔子步入绘本创作爆发阶段，开始用一集一集的绘本表达自己的心情和感受，那些作品犹如一股股来自她心灵的清泉，带着叮咚的声响自然地流淌了出来。

儿童绘画是一种自我表达的方式，是将自己的思想、情感转化为视觉语言的过程。这种转化，使我们可以借此望向孩子的心灵。绘画既是一种能力，有其自身的敏感期；绘画也是一扇隐秘的窗户，可以通过它发现其他敏感期的到来。

“想读懂孩子的内心世界？那就先读懂孩子的画。”现在，儿童画心理解析已经成为了解及分析儿童心理的重要手段，在心理咨询与辅导中被普遍运用。

接下来，就让我们通过桔子不同时期的画作，一起来解读孩子的童语心声。

一、初期友谊的建立——4岁1个月

《两个苹果宝宝》表现了桔子对友情的渴望、对朋友的思念，展现了友谊建立的初期方式，展现了摩擦、解决、友好，展现了友情的深入发展。这是孩子内心社会性发展的突出表现。

这表明孩子的社会交往敏感期到来了。

① 桔子发现了一棵苹果树。她想爬上树去摘苹果，爬到一半的时候摔了下来，疼得哇哇哭。妈妈来了，帮她摘下了苹果。

② 桔子举着苹果好开心，她笑得眼睛都眯成了一条缝。

③ 这时，珊珊来了，抢走了桔子手中的苹果。

④ 桔子怒了，追了上去。

⑤桔子抢回了苹果。

⑥珊珊生气了，她又来追桔子，但珊珊需要过一条小河。河水淹没了她的腿，珊珊冻得浑身发抖。

⑦这时，桔子跑了回去，伸手去帮助珊珊，把她从河里拉了上来。

桔子从兜里又拿出一个苹果给了珊珊。两个人手拉手成了好朋友。

二、独立意识的萌发——4岁1个月

《成长的蝴蝶》是桔子发表的独立宣言，吹响了她自我意识觉醒的号角。

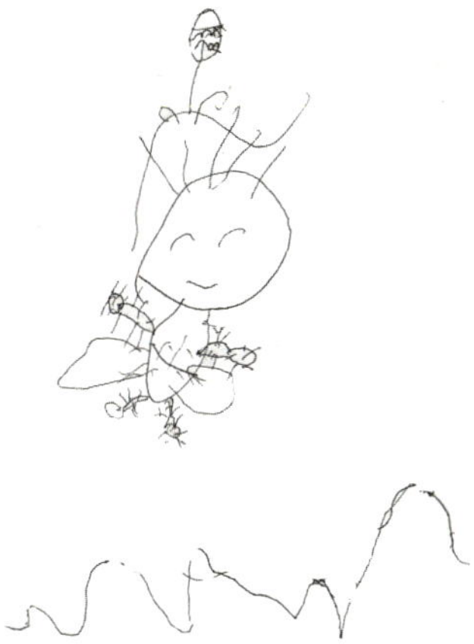

①桔子还是一个小婴儿，穿着小婴儿的袜套。很快，她像蝴蝶一样长出了翅膀、触角和毛。

②珊珊来了，她也像桔子一样长出了翅膀、触角和毛，变成了蝴蝶。小蝴蝶也来了，带着她俩一起飞。她们飞上了天，大山在脚下，头顶是蓝蓝的天空和太阳。

③妈妈来了，她站在最高的山上看着她们。然后，妈妈也长出了翅膀，飞了过来。

④小侄女也来了，她站在矮一点儿的山上，也长出了翅膀。小侄女也飞了起来。她跟着桔子和珊珊。

⑤妈妈飞到了她们的上面，与她们一起飞，并高兴地看着她们。

⑥桔子和珊珊越飞越快，“嗖”的一下飞出去好远。小侄女跟在后面。

⑦她们成长为真正的人。

像是一只茧里的小毛虫，现在她破茧而出了。她有了新朋友，她们一起在自由的天地里成长。另一个小毛头也长大了，她也来了，追随着她们。妈妈还不放心，先是远远地看着，后来也跟来了，照顾她们。可是，她们已经长大了，飞往了独立的世界，成长为真正的人。

三、友谊的发展——4岁2个月

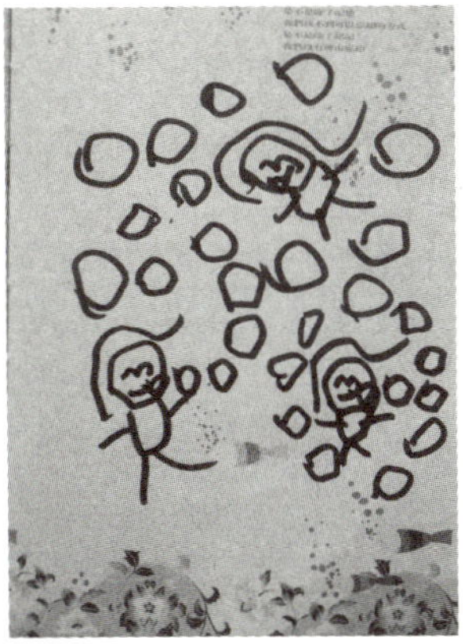

《友谊的发展》：从只有一个固定的好朋友发展为有了三个好朋友，内心有了更多的需求与渴望，交往面与交往方式都有了扩大与深入。

四、亲情的渴望与爱的分享——4岁3个月

《妈妈、我和妹妹》：我已经是小姐姐了，我背着书包去上幼儿园；我的小妹妹抱着娃娃，妈妈在家照顾她。

《我的妈妈有32个隐形孩子》：我的妈妈有许多孩子，有我，有汤姆，有杰瑞，有小绿人，有小怪，有小花衣……一共有32个。我们都是兄弟姐妹。现在夜深了，我们一起上床睡觉了。嘘，大的那个是妈妈，其他是我们。我们需要一张大大的床。

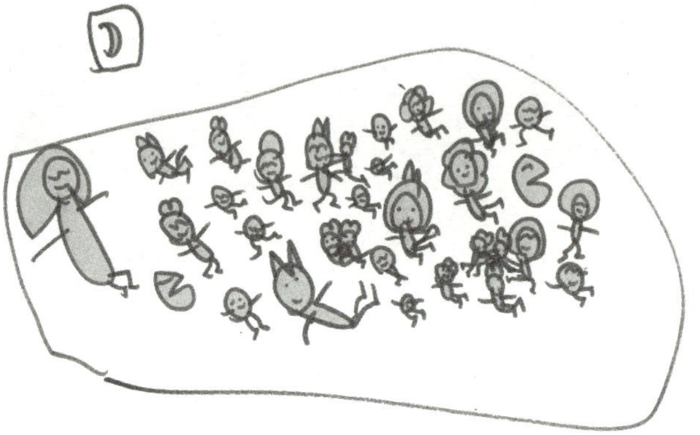

当这种画面反复出现时，意味着孩子对亲情的渴望和对爱的分享的意愿十分强烈，这时是生二胎的好时机，你的孩子一定也会像你一样期盼着弟弟或妹妹的到来。

这种画面反映了孩子内心多么享受来自妈妈甜蜜的爱，包括妈妈对自己的照顾，妈妈对自己的安慰、爱抚。

五、分享的喜悦——4岁4个月

桔子猫不像汤姆猫那样没有朋友，桔子猫有好朋友。好朋友一起玩耍，一起捉老鼠。

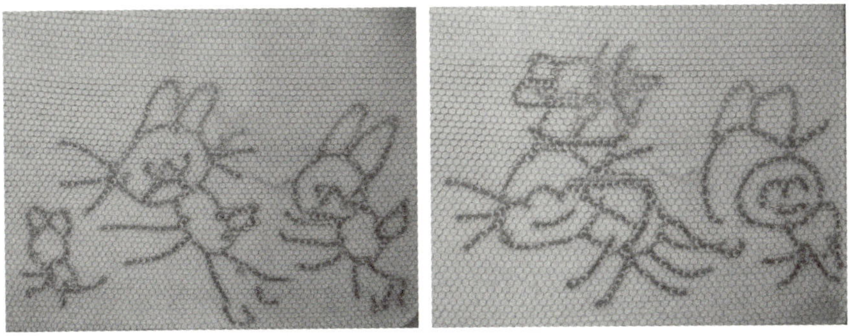

桔子猫捉到老鼠后背在背上，去找好朋友一起分享。

这表明，孩子的心中有了他人，分享带来的快乐已经胜于独自拥有。

六、关注结婚，关注家庭关系——4岁5个月

①我结婚的那天，妈妈哭了。

②现场来了很多宾客，他们在祝福我们。桌子上有丰盛的食物。

③后来，我们有了孩子。我们是甜蜜的三口之家。

④我推着孩子出去玩儿。

在画面中我们可以看到桔子对“结婚”这件事体现出的情感因素十分关注：相爱了才能结婚；亲朋好友都来祝贺；妈妈舍不得我，哭了；宾客在台下笑眯眯地祝福我们；结婚后生了宝宝，宝宝被包围在爱里。

七、对交往中不和谐的人际关系的心理感受——4岁半

4岁半以后，对于交往中的不解与困扰，孩子在绘画时经常会用一些奇特的造型来表现。

①多足怪人：总是招惹别人。

②头发乱糟糟的人：总爱生气。

③那个变黑的人：

我得了冠军，小怪得了第二名。

它开心地跳起来与我击掌。

可是另一个人怒了，

他的身子变黑了，而且整个人都变小了。

④脸被涂成一团的人。

⑤引起众怒的那个人：面对大家的愤怒，他的脸都变黑了，落荒而逃。

八、被攻击、害怕被打败——4岁7个月

各种冲突与被攻击在孩子心中会留下恐怖的印象：有具象的，以手枪为代表物的被攻击（见图①）；也有想象的被巨大的恐龙抓捕的恐惧（见图②）；还有被一群鼠鼠抓住的恐惧（见图③）。

①

②

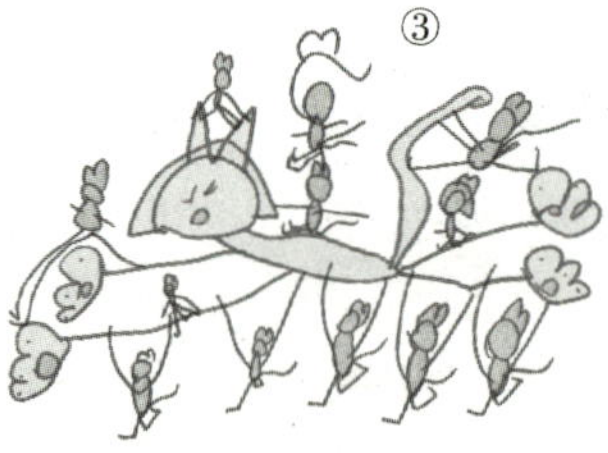

③

九、我该怎么办？对无序的迷茫——4岁8个月

面对不同类型的人，孩子的内心会感到迷惘、困惑和挣扎，不知怎样应对，不知怎样相处。看到这类画，家长要特别注意孩子的情绪，常与孩子谈心，拥抱孩子，同时教给孩子与同伴交往的方法与技巧。

因为这些纷争困扰，孩子好像置身于一个迷茫的旋涡（见下图）。

十、反击！我有了勇气——4岁9个月

经过老师、家长的鼓励，孩子学会了自我调整与自我管理，源自孩子内心的勇气开始迸发出来。孩子开始有勇气面对一切挫折。

敢欺负我？奋力还击，攻破他的防守。

我的朋友也来帮我了。被追逐的小鼠鼠，仓皇而逃。

十一、纷争与和解——4岁8个月

在与朋友或班级同学的交往、玩耍过程中，时常会因为意见不合出现各种纷争，孩子会用独特的形式表现出来。下面一组《我的梦游故事》便是很好的展现。

①桔子与旺旺本来玩得好好的，可是突然出现了意见不合。

②他们开始争吵，嘴里说出来的话就像机枪射手的豌豆子弹一样发射出来，一串串射向对方。

③他们越说越生气，开始跳着说，后来飞着说。

④桔子的豌豆子弹通过火炬树桩同学射向了旺旺，能量增加了10倍。

⑤旺旺也回击了，他把桔子关了起来。

⑥丽丽来了，把桔子救了出来。

⑦所有的纷争、打斗原来都是一场梦。现在他们掉在蹦蹦床上，醒来了。小朋友们又开始了甜蜜、友爱的生活。

在这一系列作品中，我们看到，对中班的孩子而言，语言的力量已显得十分重要，他们会将语言表现为子弹与牢笼。

来解救的同学十分高大，说明她在孩子心目中十分有力量。

最后，一切纷争、打斗都过去了，孩子从梦中醒来了，说明这时孩子已经有了足够的心理力量看待交往中的一些纷争，解决玩耍中的一些矛盾，用开朗的心态与人相处，有了属于自己内心的力量。

十二、关注外界并拥有了更大的力量：心灵的又一次成长——4岁9个月

①桔子、小猴、旺旺和叶子去森林探险，他们迷路了，该往哪边走呢？

②他们在丛林里遇到了冰雪女王——爱莎女王。

③爱莎女王请大家到她的宫殿。

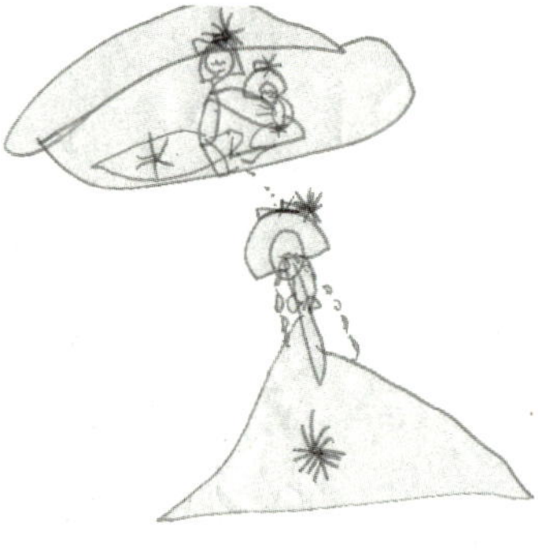

④爱莎女王和大家说她十分思念自己的妹妹，说着说着哭了起来。

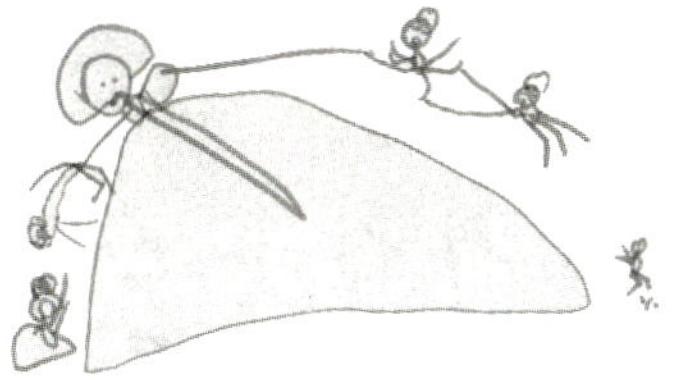

⑤爱莎女王说妹妹是被一群老鼠抓走的。

⑥小猴听了也跟着爱莎女王哭了起来。

⑦桔子听了，决定帮助爱莎女王去救妹妹。

⑧她冲进鼠洞，打败了所有的老鼠，把它们装在了垃圾袋里。

⑨爱莎女王的妹妹得救了，她乘着小船回到了自己的家园。

这一组作品表示孩子已经建立了是非观，同时她已经将目光从身边的几个人、几件事移开，投向更远的地方，投向更广阔的世界。现在，她的内心已不局限于自己的一个小情绪、自己的几个小玩具，她开始关注外界对象，期盼自己拥有更强大的力量，并与朋友联手，做更大的事情。

这是孩子的内心从自我转向外界（广阔世界）的标志，是她人生的又一次飞跃。

正确对待孩子的画画行为——儿童画的解析原则

儿童画是一面镜子，它能折射出生活环境与生活状态带给孩子的心灵感受，从中可以看出孩子内心的满足、需求、惧怕与渴望；儿童画也是一扇窗户，通过对孩子内心转变的体察可以预见孩子今后在行动上的转变。

从心理治疗角度，罗泽·弗莱克·班格尔特在她的《孩子的画告诉我们什么》一书中，关于儿童画的分析给出了一些原则：

原则一：不是每幅画都一定要包含很深的含义，不是每个象征符号都要被解码，也不是每幅画的秘密都要被参透、赋予意义。

原则二：儿童绘画出于对活动的乐趣，出于表露他们幻想世界的兴趣，也许只是因为当时没有别的有意思的事情做，或者他们的朋友刚好也在画。

原则三：只有当一幅画引起我们的特别注意或当一个孩子长时间表现出一种令人担忧的绘画行为时，我们才有必要试着探究图画的内容和其中隐含的信息。

4岁一过，桔子的绘画内容便向我明确地展现了她的心理状态。当我注意到她的画更多的是以展现内心世界、思想情绪为主时，这引起了我的重视。

在相当长一段时间里，我持续关注桔子画画，在她画画时坐在她身旁听她边画边讲，或是让她画完后将画的内容讲给我听，我会及时将她讲述的内容记下来。故事一集又一集，我记录的也越来越多，这些内容里隐藏的一条条线索直达桔子的内心，成为通往孩子内心世界的一条条隐秘的通道。

正如以上原则所讲，当某种画面或某类故事情节反复出现时，我就会对其予以特别的关注。

桔子在开始画故事集前，从3岁半起，看了大半年动画片《猫和老鼠》。她既为猫和鼠的滑稽动作、充满想象力的情节所吸引，也常常为老猫的惨状鸣不平。她4岁的时候就在画中设计了一款机器猫，用电锤子去击打老鼠，替老猫出气。后来在绘画中，她也常常以猫的形象代替自身出现，在展现与同学交往的内容时更是常以猫鼠情节替代。这样，她画猫鼠大战整整画了5个月，画出了《森林之战》《我的惨样》《桔子猫死了》《与鼠王决战》这样的故事集，有的故事集长达三十多页。这就是一种情绪在绘画中反复、持续出现的例子。

我特别注意她在画面中所表达的情绪，及时与她聊天，帮她疏导。但同时我也认为这是在交往与友谊发展过程中的必经阶段。在幼儿园与同学相处的一些经历、心理上的一些冲击都会反映在她的绘画中。通过绘画描述内心的感受，在宣泄的同时实际上也是在思考应对措施。

必要时我也会对她的绘画进行干预。如当她画到听见怪声传来或有强大的阴影延伸过来，画里的伙伴们都吓得挤在一起时，我就鼓励她让画中的人物每人都准备一种武器，拿出一个绝招，像绘本《帕拉帕拉山的妖怪》中的村民一样——“奋起保卫家园”。当这样的画画过几次以后，她就会运用到实际行动中，当内心感到畏惧时，她就会想起妈妈教的方法，像帕拉帕拉山的村民一样，奋起捍卫自己。

到5岁时，她的故事集经过了3个月的渴望与磨合、5个月的打斗与抗争，已经转而向着力量、勇气、和谐、美好发展了。这从一个侧面展现了她这一年的心路历程。

在有的幼儿园，老师会系统地组织小朋友利用绘画和颜色来表达自己的心情。作为教育的延伸与辅助工具，我认为这是非常好的方法。因为老师可以从中看到孩子更多关于同伴交往与亲子关系的信息，以帮助孩子进行调整并及时与家长进行沟通。

除了桔子的画，我也经常搜集一些其他小朋友的画作进行分析。下面列举几组。

先看下面这一组，许多太阳。天空中有许多个太阳，有笑脸的，有哭脸的。

一个孩子的画里忽然出现了许多个太阳，并且持续相当长的一段时间。这是为什么呢？原来这个小朋友的妈妈又要生宝宝了。妈妈的肚子鼓起来了，妈妈陪他活动的时间越来越少了。这段时间，这位小朋友连一幅完整的图画都完成不了，他只是在天空中画许多个太阳。在儿童绘画心理分析中，灯光代表着渴求温暖与爱。这里的多个太阳也是同理。

“灯”，是一个奇妙的意象。在写这本书的最后两个月，因为急着赶稿，晚上也要加班，我不能像以往那样陪桔子玩，她就守在我的书桌边，自己画画、自己玩。那段时间她的画中多次出现了灯。当时我感到很奇怪：虽然没陪她玩，可我每天都在她身边，她为什么还画灯？

这样过了两个月，一天她带着哭腔对我说：“你都有好久没陪我玩了。”这以后，我又保证了陪她玩的时间，她也就没再画过灯了。

下面是一组同年龄段的小朋友画的小蝌蚪。在这一组画中，我们也看到了小朋友不同的心理与情绪。

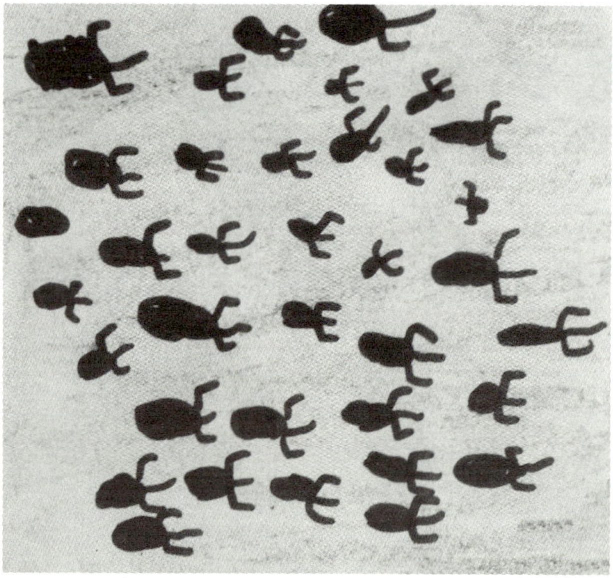

第一幅画中的小蝌蚪排列非常有序，大小交错、方向一致、节奏和谐、身体舒展。这是一位内心世界积极而平和的小朋友的作品。他画的小蝌蚪和谐而快乐地摆动尾巴游向前方，画面的群体感也很强。

第二幅画中的小蝌蚪也非常活泼，有内在的节奏感。

第三幅画中的小蝌蚪则完全是乱序的，有些还被黑圈圈圈起来。画面

表明这位小朋友内心十分纠结，他认为被养在盆中的小蝌蚪没有出路，它们在混乱地游着。画面中的小蝌蚪身体僵硬，动作一点儿都不协调。被圈起来则有着被桎梏的心理感觉。画面体现了孩子敏感的内心。

第四幅画中，所有的小蝌蚪尾巴都在剧烈地扭动、颤抖着。可能这位小朋友是在表现小蝌蚪游泳的姿态，但是如果他在平时表现些微的摆动也都是用锯齿状的线条，那可能表示这位小朋友内心的情感冲撞十分激烈。

第五章

系统激发孩子的音乐智能

培养音乐感知能力，赶早不赶晚

▼

与绘画一样，对音乐的感知、对音乐的热爱也是人类的天性，是与生俱来的。比如，我们听到音乐时，能从中感受到兴奋、喜悦、安详、平静或是难过、恐惧。虽然对某一首具体的曲子，每个人的感受不同，存在差异，但是总体的感受相差无几。又如，大家都会在轻松愉快的时候哼上几句熟识的曲子或歌词，或是在欢快的时候随着音乐摇摆。

与绘画一样，音乐也是需要激发与引导的，涉及音乐感知的建立、音乐能力的激发、音乐能力的发展等阶段。

同时，与绘画能力的激发与发展相比，音乐智能在更早的时候——一生下来——就开始发展了。

与现在许多家长在孩子很小的时候就让他坐上琴凳，开始他们艰苦甚至是痛苦的钢琴之旅不同，我认为弹钢琴并不等于学音乐，因为学习音乐不等于弹钢琴。我的观点是：

1.对音乐的感知从0岁就开始了。

2.“多听”对于音乐，与“多看”对于绘画一样，是孩童建立音乐感知的重要方式。

3.与涂鸦一样，随意地表现在音乐智能启蒙初期很重要。

4.对音乐规律的感知，从1岁半至2岁就可以开始了，可以采用轻松活泼的方式进行。

5.对音乐规律的认识和学习，如节奏、韵律、五线谱……一定有比弹钢琴更为适合婴幼儿的形式，它们能够帮助婴幼儿轻松而愉悦地踏入音乐大门。而到了五六岁以后，孩子坐上了琴凳，则标志着孩子进入了音乐学习的另一个领域——弹奏技法学习。

就像在绘画能力的发展中，经过了第九个月、第十个月起的涂鸦，经过了1岁多开始的绘画感知的建立，经过了三四岁时期的绘画能力激发，到了五六岁以后，孩子就可以选择一个绘画类别进行更为深入的感知与技法的学习了，如具体选择是画油画、国画、水彩画，还是版画、工笔画?

音乐学习也一样，开始弹钢琴应该意味着孩子将早些时候建立的音乐感知、对音乐规律的认识与弹钢琴所需的技法融合了起来。

乐器是孩子表达早先已经建立的音乐能力的工具，使用乐器不是孩子学习音乐的开始。就像你不能对孩子说“必须先学会认字，等认识所有的字后你才能阅读”一样，如果你将4岁、5岁或6岁的孩子坐上琴凳作为音乐学习的起始点，那么我想说——太晚了。

我们最应该关注的恰恰是坐上琴凳之前的那段时间，而且一定得用轻松的、愉快的、最符合孩子年龄特点的方式来激发和引导孩子的音乐潜能。

从0岁开始，培养孩子的音乐感知力

一出生，婴儿那小小的、稚嫩的耳朵便开始倾听世界、聆听音乐了。

我们都知道，音乐是有魔力的。初来世上，除了妈妈的心跳、除了妈妈与亲人的声音，最能给小小的婴儿带来心灵慰藉的，便是曼妙的音乐，或明朗舒展，或轻松欢快，或平和安详，犹如叮咚作响的清泉，一滴滴浸入小婴儿的心灵。

这时，由妈妈哼唱的摇篮曲或旋律优美的世界经典名曲最适合给宝宝听。音乐不仅有舒缓紧张、平复情绪的作用，适当的声音刺激，还可以促进婴儿的听觉神经和大脑的发育。但这时，有一点特别需要引起年轻父母的重视：

有些名曲中只有舒缓、轻柔、欢快的部分适合婴儿聆听，其他如悲壮、激烈、亢奋的乐段有可能会影响婴儿的正常发育。随便组合的名曲集在频率、节奏、力度、分贝和混响等方面并没有经过精确组织，婴儿在听音乐时，突然听到高亢的声音，极有可能因受到惊吓造成闭锁心理。

不合格的胎教与新生儿音乐，多数在乐曲选择上有问题，大多在音量和旋律上存在偏差。音乐频率过度可能会损伤婴儿内耳螺旋器基底膜，严重时会使孩子今后听不到高频声音；节奏过强、力度过大的乐曲则有可能导致中耳听力下降与损伤。为此，相关专家也提醒我们：不合格的胎教、新生儿音乐会对胎儿、婴儿的大脑和听觉器官造成一定的伤害。

对此，我也深有感受。在怀孕的过程中，我搜集了上千首歌曲、乐曲，挑选了一些自认为适合婴儿听的。但当我真正面对一个新生儿时，我却感觉没有一首适合她。那些曲子要么太长，要么就是繁复的协奏曲，还有一些我们大人听起来舒心而优美的曲子，婴儿听起来却什么反应也没有。这让我到现在都感觉特别遗憾。

这时，看似“凑巧”的因素却发挥了巨大作用——大女儿卡拉恰恰是学音乐的。卡拉在小学和中学时打下了一定的音乐基础。她学习过三种乐器，参加过各种校级、市级合唱团，接受过相当专业的声乐培训。高中第二年时，因为坚持自己对音乐梦想的追求，在美国读高中的她通过自己的努力，成功转入波士顿的胡桃山艺术高中。胡桃山艺术高中可以说是新英格兰音乐学院的附属高中（新英格兰音乐学院在全美的音乐艺术类院校中排名第三），是全美少有的几所与音乐学院有紧密联系的艺术高中。在这里她又接受了较为系统的乐理和声乐训练。大学时她考入了位于波士顿的Emerson College，主修电影声音设计专业。从大一起，卡拉就开始为多位“导演”同学工作，包括声音设计、同期声录音、音效制作、配乐、作曲，渐渐在同学中有了些名气。

卡拉所具备的这些条件，使我的许多想法可以通过她得以实现。我们从生理、心理和声音的角度进行了大量分析，从音色、音高、音频、长度、节奏、感知等方面进行了多种尝试，通过创作和改编，渐渐得到了一些适合婴儿的“音·乐”系列，比如，我们从单一的小型乐器开始：叮，叮叮，叮叮叮。柔和而清脆的声音对2个月大的小婴儿就有吸引作用。

叮，这是一种有特质的声音（发自一种乐器）；

叮叮，是连续的声音，声音在发展，吸引小婴儿持续地来捕捉；

叮叮叮，这已是一种节奏。

叮，叮叮，叮叮叮——看似再简单不过的声音却包含了属于音乐的所有元素。有特质的声音、有节奏的韵律、有韵律的声音能给婴儿的内心带来轻松而欢快的感受。

第一次睁开眼睛，从各种材料上获取信息，这是阅读的开始；

握住了一支笔，就让它画出痕迹，这是绘画的开始；

听到了一个音，身或心就会随这个音而动，这是音乐的开始。

桔子半岁后，我们就将乐器进行组合（比如，从两种组合开始），进行有节奏的演奏。这其中还会有许多即兴的部分。我们让桔子也参与进来，让她拿着小乐器参与演奏。虽然是握着她的小手，但她一样能体察到声音与节奏的由来。

同时，我与卡拉还改编了许多名曲。改编的方面有：（1）剪接出不同长度的音乐，以适应不同的月龄；（2）将许多协奏曲（就是由许多乐器共同演奏完成的曲子）制作为单一乐器演奏的曲子；（3）为一首曲子制作不同的乐器演奏版本，以凸显不同的声音特质与感受。

此外，不光是让桔子单独听音乐，我和她的爸爸还经常与她一起欣赏音乐，在她身上打节拍或是抱着她跳舞，一起分享对音乐的感受。

这样，到五六个月时，当桔子听到欢快的节奏时，就会高兴地蹬腿蹬脚，并不住地挥舞小手。七八个月大时，她能拿着乐器一起参与演奏时，常开心地哈哈大笑。到9个月时，她常常坐在大肚子CD机前，专心地听音乐。1岁后她就能跟着音乐起舞或让我们抱着她随着音乐起舞。

有一点很有趣，与许多小朋友边玩耍边听音乐不同，从9个月开始，桔子就会坐在播放机前专心地听音乐（通常是古典音乐，不是儿歌或流行歌曲）。2岁时，我一说放音乐，她就赶紧爬上沙发坐好，安静地、专心地听，直至听完。3岁时，许多古典曲目她都非常熟悉了，就跟着唱、跟着跳、旋转。4岁时，她同样会专心地听，这时她常常会告诉我听到这支曲子有什么感觉，听到那支曲子又想到了什么。

调动全身感觉器官，全方位体验音乐魅力

▼

即兴演奏或哼唱；

随演奏和哼唱随兴舞蹈；

在父母的怀抱和父母一起聆听、欣赏音乐，父母向孩子描述自己的感受，孩子大一些了则可以分享彼此的感受；

由父母带领着打节拍；

由父母抱着随音乐起舞，或与父母共舞；

随音乐自由舞蹈；随父母大声唱歌；

用音乐模拟生活中的活动；

用音乐模拟心情；

用唱的方式说话，描述自己的所见所想；

触摸、尝试各种乐器，在乐器上找音；

在乐器上自由弹奏；

用唱的方式作曲……

这都是体验、感知音乐的好方法。

桔子第1次摸乐器是在100天的时候，爸爸让她趴在钢琴键上。她会迈步后，经常在琴键上来回地走，每走一步脚下的钢琴就会发出声音，这是她那时候最喜欢做的事之一。10个月以后她就自己敲钟琴、敲木鱼、吹哨子、吹口琴。

桔子1岁后，经常会跟着爸爸的即兴演奏（乱弹）而手舞足蹈（乱舞），爸爸怎么弹，她就怎么跳，比如，跺脚、挥手，在地上乱爬、翻滚，等等。

1岁半以后，我买来了小班舞蹈的碟片放给她看，让她知道跟着节奏抬头、挥手、小跑、爬行也是对音乐的表达方式。

2岁的时候，因为她还比较轻，我们会经常抱着她跳舞，随音乐旋转，这时她总是乐滋滋的。

姐姐每次放假回来，桔子都会痴迷地跟在姐姐身边，看姐姐弹钢琴，然后自己也爬上琴凳坐好。3岁的时候，姐姐一弹琴，桔子就拿一把儿童玩具吉他假扮成小提琴，站在姐姐身边伴奏。这时，她也常常将姐姐从琴凳上赶下去："我要自己弹。"然后她就装模作样地翻动着曲谱，虽然看不懂，但曲谱上的"豆芽菜"渐渐印入了她的脑海。

3岁半以后，桔子开始经常为歌曲加上和声伴唱，最典型的有《哎哟，妈妈》《回娘家》。我们还一起唱和，我唱："风吹着杨柳么，刷啦啦啦啦啦啦……"她和："刷啦啦……刷啦啦……"我唱："胭脂和香粉变成红泥巴。"她和："红泥巴，红泥巴，红呀么红泥巴……"4岁以后她经常为我弹曲子的"和声"（虽然她根本不知道什么叫"和声"）；或者我们唱歌她伴奏，我们每唱一句，她就伴上一下或几下的和声或节奏。

4岁的夏天，她在琴键上找音，然后自己"摸"出了完整的《小星星》，她很是高兴。

4岁半以后，有段时间她爱上了用唱的方式说话。晚饭后与爸爸去散步时，他们两个人常常用唱来描绘一路所见所想。

再接下来，她就开始用唱的方式作曲。而且她还经常作二重奏：有高声部，有低声部。

通过以上的举例，相信你也感觉到了，音乐能力的发展与绘画一样。

绘画是先经过视觉激发期；接着进入自由涂鸦期，在涂鸦过程中对各种材料、材质进行体验，建立感知；然后进入绘画能力激发期，体验描画与表达；最后再进入自由表达期。音乐也是这样，先通过聆听，知道了“音·乐”；基本了解了声音的发出方式与不同声音的特质；知道通过节奏的组合可以形成“乐”；听单一的或简单组合的“乐”；听发展的有复杂组合的“乐”；自己开始找音；自己开始作曲。

而弹奏就犹如要在各种绘画类型中选取一个专门类别深入地学习下去一样，更多地属于技法的练习，是音乐的另一个层面。但它们都应该是在孩子建立了相应的绘画感知、音乐感知后进行的，它们不能代替感知的建立。我接触过一些孩子，他们都会弹钢琴，手指的准确度和灵活度都没有问题，有些还考过了钢琴十级。但是他们弹出的音乐是没有感情色彩的，让你感觉只是一架钢琴机器在按键。这就是“弹”钢琴与建立音乐感知之间的区别。

桔子5岁时，经常叫着喊着要学弹钢琴，可是我并不着急。因为我认为音乐感知的基础打好了，上琴弹奏才会更顺，音乐理解力也才会更好。而且还有一点，哪怕对乐器的学习不成功，但这种对音乐的感知也已经深深地植根于孩子心底了，会跟随她一辈子，是怎么也抹不掉的。

“看”音乐，也是提升音乐感知力的方法

▼

音乐是抽象的，但它也可以有具象的表现。这种具象的表现对激发婴幼儿的音乐感知力很有帮助。

我在这里推荐《小小爱因斯坦》。这一系列碟片的音乐全部是世界名曲，全由单一的钢琴、竖琴、木琴、马林巴琴、小铃等演奏，速度偏慢，力度轻柔，没有协奏和交响，没有大起大落，很适合婴幼儿。所有碟片画面中都没有语言（有些只有少许词汇），全部是通过形状、表情、动作、色彩配以音乐来表达。影片中，音乐与内容相辅相成，音乐对影片起到了烘托作用，影片中的事物也对音乐起到了注解作用。桔子从9个月开始观看这套碟片。到4岁后她还会将这套碟片拿出来看。片中的音乐是那样宁静祥和、轻松愉悦，是最好的睡前放松按摩。如果说1岁的幼儿还无法表达对片中音乐的感受，那4岁的孩子会说了：“听了这样的音乐睡觉，睡梦中都会感觉很甜蜜。”

1岁半至2岁，可以看一些婴幼儿律动操、幼儿舞蹈，看一些幼儿歌舞表演，以帮助婴幼儿建立音乐与肢体律动表达之间的关系。

3岁以后可以看得更多了，例如，电影《音乐之声》、音乐剧《猫》、动画片《猫和老鼠》等都是不错的选择。电影《音乐之声》、音乐剧《猫》需要家长协助孩子看，即将电影中冗长的对白跳过去，集中感受片中的音乐、歌曲。《音乐之声》能让孩子在欣赏美妙歌曲的同时，感受到

音乐就在日常生活中，是日常生活的一部分。《猫》则能让孩子感受音乐与身体形态、音乐与情感的关系（可以先看整个剧目的前半部分）。

而《猫和老鼠》则是一部典型的音乐与音效片。不要看这部片子吵闹繁杂，片中所用的音乐全部是世界名曲。许多世界名曲在片中配上老猫与老鼠惟妙惟肖的打闹，不仅让孩子认识了这首曲子，还让孩子对曲子的内容及内涵有了更深入的领悟。

桔子刚满4岁时，一次在外出的车上我不知不觉地哼起了《斗牛士舞曲》，接着她爸爸跟上来，接着她也跟了上来。曲折往复、慷慨激昂，一整首曲子她“一音不差”地都哼唱了下来。我们很诧异，不知她从哪儿学来的。过了两天，她看《猫和老鼠》时响起了这段音乐，我们都明白了——就是在这种一遍又一遍的观看中，音乐已深深印入她的脑海。还有些时候她会随着音乐学猫和老鼠在剧中的表演，十分投入。此外好几位家长也向我说孩子主动要求学钢琴，就是因为看了《猫和老鼠》中汤姆潇洒的钢琴演奏。

还有一部值得推荐的动画电影，是法国的实景动画电影《昆虫总动员》（《微观小世界——迷失的蚂蚁谷》）。整部影片没有一句话，或者说是没有一句属于人类的话（即使有人类，也不说话，而是用表情表达），只有自然界的声音，昆虫的声音，还有就是犹如史诗般的音乐。整部影片在音乐的推进下前进，音乐对情节、角色、情感进行着诠释，达到了相融而完美的境界。“这是最好看的一部电影！”桔子观影后激动地说。这说明音乐与肢体动作、表情一样也是一种语言，也可以直抵孩童的心灵，有时它们甚至更胜于语言。“真好看啊！”“真好看啊！”每当我和她学着小瓢虫吹响胜利的号角，她总会激动得“手足无措”。这部影片我们看了四五遍，还邀请了外公外婆与我们一起看。

看，调动身体更多的感官一起参与到对音乐的领悟中来，也是提升婴幼儿音乐感知的有效方式。

从“听”到“玩”，让音乐成为全方位的感官互动

有专家对200余名1～2岁的孩童进行调查，结果发现每天听音乐两小时以上或经常连续听音乐两小时以上的孩子，学话往往较迟，学习语言的能力往往较差，发生语言障碍（发音不准或口吃）的比例也往往较高，并有可能养成沉默孤僻的个性。

真是令人晕头转向！前面才刚刚提到音乐对婴幼儿的各种好处，怎么一眨眼又“沉默孤僻”了？你肯定会这样说。

以上的研究并不一定是定论，但它也给我们提了一个醒：凡事不可过度。孩子的智力是一个多元结构，过度地刺激、发展其中的一个，可能就会抑制另一个，就像该项研究中所提到的“过度活跃婴儿大脑负责音乐的部位，可致使负责学习语言的部位受‘冷落’”。

就像孩童长时间地盯着电视看会影响某些智能的发育一样，看电视比起听音乐，还属于视听结合的活动，但它的本质仍然是“单通道的输入，不需要反馈”，也就是孩子只接收，不需要反馈与运用。可想而知，只涉及“听觉”的音乐，更是如此。

那为什么孩童在绘画活动中却表现得不同呢？为什么他们能够在整个绘画过程中集中精力呢？这恰恰因为绘画是一个双向过程，在这个过程中有对信息的接受、吸收，也有对自身的表达与输出——形成对事物的表象，操作材料和工具，预期改造后的结果，反思结果——从而形成感知觉

通道与动觉通道相结合的思维全过程。

怎样避免这种可能引发的结果呢？那就是想办法使“听音乐”这种“单向输入模式”转变为“玩音乐”的“双向互动模式”：

一、控制听音乐的时间

婴儿时期，每首音乐1分钟到15分钟就够了。一次只听几首。

二、玩找声音的游戏

3个月起，你可以用风铃、小铃铛、三角铁在婴儿耳边发出“叮叮”声，引导他用目光来追随、寻找。六七个月大时，婴儿最喜欢玩的就是这样的游戏了。就好像你一叫他的名字，他会赶紧抬头朝你看一样。

三、打节奏、当指挥

6个月以后，婴儿握着小乐器时，你可以摇着他的手让他为乐曲打节奏。

四、跳音乐

9个月后，滚、爬、挥舞手脚、扶着他蹦跳……这些也是对音乐的表达。

五、你奏他演、他奏你演

2岁后，让孩子感受音乐是可以用来互动、用来交流的。

六、问答

三四岁后，用唱的方式一问一答；

用演奏不同乐器的方式一问一答（你敲钟琴，他吹哨子）；

用演奏与舞蹈的方式一问一答（你敲三角铁，他跺脚）；

用演奏不同节奏的方式一问一答（叮叮叮——叮）；

……

七、音乐接龙

五六岁时，一首曲子，你哼唱上一句，他哼唱下一句。

八、跟着音乐一起唱

跟随音乐，与孩子一起唱。可以一起唱，也可以你唱一句，他唱一句。

九、与孩子一起随音乐舞动

十、为音乐配和声

……

方法有许多种，总之就是要在“沉浸与聆听”中加入“表现与创造”，让单通道的被动感受变为有视、听、触、动觉主动参与的多种感官的交流与互动。

第六章

早期情绪、性格的科学养成

情绪与性格的早期发育和培养

我之所以更倾向于美国著名教育家布鲁姆“4岁看大，8岁看老”的观点，是因为婴幼儿经过0～3岁外在能力的快速发展，从3岁半起到整个4岁期间，才进入内在能力的快速发展期。这时，以往的积累才开始显现出来，新的能力在与家庭、社会环境的拟合中才开始快速生成。

这时的内在能力主要表现为自我意识的建立与社会性的发展。

孩童开始有了“我”的概念，同时也开始关注周围的人和事，开始寻求自身在“社会”中的定位。他们开始有了明晰的内心世界，对外界的反馈也变得十分敏感。他们开始积极学习外界的反馈模式，并用于自己与外界的沟通交往中。这样，满4岁后，孩子的情绪与性格开始逐渐彰显出来，这时父母开始能体验到孩子积极美好的一面，也能察觉到孩子消极的难以驯服的一面。与此同时，孩童成长过程中的心理层面的问题也开始浮现出来。

这是属于“心”的时期。在3岁半和整个4岁期间，孩子来到了他们心理成长的节点，这也可以被称为隐性敏感期。

婴儿先天就具有情绪反应能力，以帮助婴儿与成人进行交流，激活婴儿心理活动和行为活动，促进婴儿早期的认知探索和学习。

出生时，婴儿就可以表现出满足、厌恶、好奇、痛苦等基本情绪。2个月时婴儿会表现出社会性微笑，2～7个月会出现愤怒、快乐、悲伤、惊讶等基本情绪。例如，婴儿会通过哭的方式来吸引养育者的注意，也会用微笑引起养育者的爱抚和关注，甚至会用他人喜欢的方式做出相应的反应。婴儿对成人的反应越来越强，成人对孩子的回应也越来越强，从而逐渐形成让双方都满意的早期社会关系，这也为后期建立情感依恋打下了良好的基础。

快到2岁时，幼儿开始表现出复杂的情绪，如害羞、尴尬、嫉妒、骄傲等。到了3岁，幼儿能够更好地评判自己表现的好坏，他们会因此表现出难过或羞愧的情绪。也就是说，到了3岁左右，幼儿已经发展出较为全面的情绪特征，并成为引发行为的动机。

从心理学角度来看，性格是指表现在人对现实的态度和相应的行为方式中的比较稳定的、具有核心意义的个性心理特征，是一种与社会相关最密切的人格特征。也就是说，性格表现了人们对现实和周围世界的态度，主要体现在对自己、对别人、对事物的态度和所采取的言行上。

情绪，是多种感觉、思想和行为综合产生的心理和生理状态，有喜、怒、哀、惊、恐、乐等，也有一些细腻微妙的情绪，如嫉妒、惭愧、羞耻、自豪等。无论是正面的情绪还是负面的情绪，都会引发人们的行为动机。

情绪可以分为与生俱来的“基本情绪”和后天学习到的“复杂情绪”。基本情绪与原始人类的生存息息相关，复杂情绪则要经过人与人之间的交流才能学习到。

从某种意义上说，性格是由情绪积累到一定程度后形成的。比如嫉妒这种情绪。我认为在孩童身上，尽量不要使用像“嫉妒”这样描述成年人的定性词汇。因为在孩童期，它只表现为一种刚刚开始发生的情绪：看见别的小朋友取得了好成绩，有的小朋友会与之一起高兴，庆祝好朋友取得好成绩；有的小朋友会回家对父母说“某某某真棒，我想像他那样”；有的小朋友会落下眼泪，暗自神伤；有的小朋友会跑过去打那个取得好成绩的同学；有的小朋友则会拉下脸，对取得好成绩的小朋友说：“我再也不和你做好朋友了！”……这些都是孩子在当时的情景下表现出的一种情绪以及由情绪引发的行为，有积极正面的，也有消极负面的。

无论是积极正面的还是消极负面的，如果这种情绪反复地、持久地显现或发作，它就会形成一种定式，形成一种惯性，变成一种思维与行为习惯，最后演变成一种性格。

在中班之前，小朋友很少进行输赢式的竞争，多是一同玩耍、奔跑，他们更关注自身，“我上台唱过歌了”就满足了，“我也跑到了”就很棒了。至于唱得好不好，是不是跑了第一名，他们并不在意，他们的荣誉感和自尊还没有完全觉醒。

进入中班之后，会相继出现一些课堂练习、讲故事、拍球、跑步、跳绳比赛等活动，需要小朋友在大家面前展示自己，老师会给出自己的评判；小朋友们会在结伴玩耍、语言交流上更注意对方的表达，同时也更注重老师的表扬、批评。也就是五六岁以后的这个时期，外界的影响和评价开始介入孩童的自我世界，“他”出现了。这时，潜意识的比较、竞争开始了：

谁的练习都能做对，上课能大声地回答问题，总是受到老师的表扬；

谁经常给大家讲故事，并且讲得很好听；

谁的辫子梳得很好看，小裙子很好看、很可爱；

谁的性格很温柔、很合群，小朋友都喜欢与他做朋友，或特别受男生（女生）欢迎；

谁的画画得很好、歌唱得好听；

谁在拍球、跑步比赛中总是获胜；

……

或者：

谁总是喜欢打斗，不遵守群体纪律，常被老师批评、处罚；

谁总是因为不吃午饭、不睡午觉被老师请到门外；

谁经常大小便到裤子里，被大家嘲笑；

谁的课堂练习总是做不出来；

……

这些，都渐渐引起了小朋友的关注，形成与自我的比较，或是在大人的提示下被动地形成自我比较。

这时，如果大人使用的是消极的比较方式，比如：你看乐乐跑得多快；你看朵朵多会看书，认识这么多字了；你看妮妮总是受到老师表扬；你看小毅总是很受小朋友欢迎；你看看你……这样孩子不知不觉间就产生了情绪的郁积。再看到那个被拿来跟自己做比较的小朋友时，孩子就会用动手打人、语言伤人等方式去攻击那个小朋友，因为是那个小朋友使他在家人面前受到了“伤害”。当那个小朋友再在这个方面或其他方面取得突出成绩时，他还会持续地攻击，因为“只有把他‘打’下去了，我才不会受到妈妈、外婆的比较、批评”。如果这种内心郁积不断加重且得不到及时化解，就会形成一种固定的情绪——嫉妒。而这种情绪反复、持续地发作，最后就会形成一种“喜欢嫉妒，见不得别人比自己好”的性格。强烈的嫉妒甚至可以达到寝食难安的程度，会发展成为一种病态心理，那就需要看心理医生了。

我见过一个比较极端的小朋友。他才4岁多，他喜欢丑化同学，先将同学画得很丑，然后在同学身上乱点、乱画，再向画纸吐唾沫，最后将画纸揉成一团扔在地上踩。他也会把自己的爸爸画得很丑——“看你……的样子”，然后把纸揉皱、撕裂——“我要把你撕掉”。

孩子身上的一些负面情绪，并不是孩子主动选择的，也不是他生来就这样的，而是父母或家人没有意识到孩子的内隐性敏感期，在日积月累、不知不觉间用不正确的方式“帮”他培养起来的。所以，当我们无奈而又生气地抱怨“他怎么会这样”时，不如我们回过头来、静下心来好好想一想，我们是否了解自己的行为方式、是否了解孩子的成长过程，在这个过程中，我们又给了他怎样的引导和示范。

这一点，在我写这本书的这一年时间里感触特别深。这一年是我不断体验桔子和她的朋友、伙伴的情绪、心理以及性格成长的一年。在这一过程中，我的内心越来越急迫，我想大声呼喊，希望我们的家长能更早地、更多地、更有意识地关注孩子成长过程中的心理层面，关注他们的内心世界，从而向着培育身心健康的孩子的方向共同努力。

赵宏老师点评

4岁以后的儿童在成长过程中已经建立起自我认知、自我与同伴的比较和自尊感。

儿童对自己与他人能力的对比、评价是认识自我最重要的方式，会直接影响儿童的行为和心理健康。儿童倾向于在所有方面积极评价自己，他们内心的愿望是能在各个方面都有良好表现，获得赞许并讨人喜欢。

儿童在成功时会体验到快乐和骄傲，在失败、在与同伴比较而不如同伴时，会感受到不安、伤心和羞愧。

在自尊形成的过程中，父母的作用至关重要，父母的养育方式对儿童建立积极或消极自我有明显影响。多项研究显示，父母温和、支持、接纳、积极的养育方式会帮助儿童建立积极的自我。那些敢于面对挑战、成就动机高的儿童的父母会及时褒奖孩子取得的成绩，对孩子的失败予以接纳，而不会惩罚和批评。那些不敢面对挑战、成就动机低的儿童的父母对孩子的成功反应迟钝，对孩子的失败则会一味指责、批评甚至惩罚。

儿童处理情绪的方式一方面是从父母或其他养育者处理情绪的方式中学来的，另一方面是从父母或其他养育者对待他们的情绪反应中学来的。

更多表现积极情绪的儿童会比更多表现消极情绪的儿童有更好的同伴关系，能用非攻击性的方式处理愤怒、不满情绪，未来的领导能力和社会交往能力都更强。

有什么样的父母就有什么样的孩子

孩子为什么这么小就会产生负面情绪，并因此在群体交往中产生不适甚至障碍？家长哪些不自觉的行为会导致孩子陷入负面思维？这里，作为家长的我们不妨先坐下来冷静审视一下自身，思考一下：我是什么样的父母？

有教育专家用两个维度来衡量父母的教养方式：一个维度是父母对孩子的接纳与回应性；另一个维度是父母对孩子的控制与支配程度。

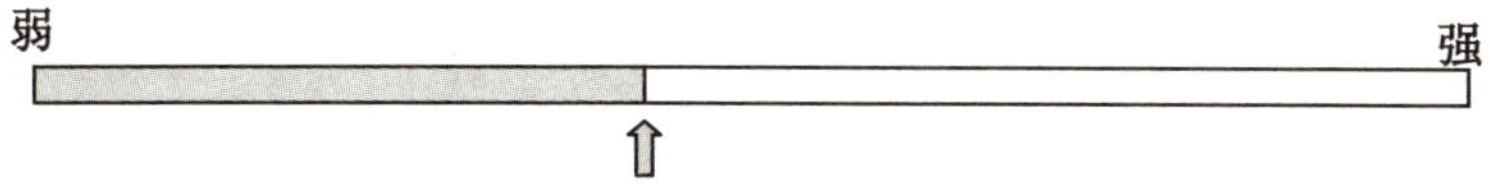

在柱状体的一端，父母对子女表现出明显的关爱，对孩子的情感需求比较敏感，也会花很多时间与子女在一起。另一端，父母对子女不是很关心，对子女的情绪状态不太关注，很少抚慰孩子，甚至对孩子表现出厌烦。

在柱状体的一端，父母的支配程度很高，比较严厉、苛刻，总是要知道子女在哪儿，在做什么。另一端，父母对孩子很少控制，放任自流。

这两个维度可以分解出四种教养方式：

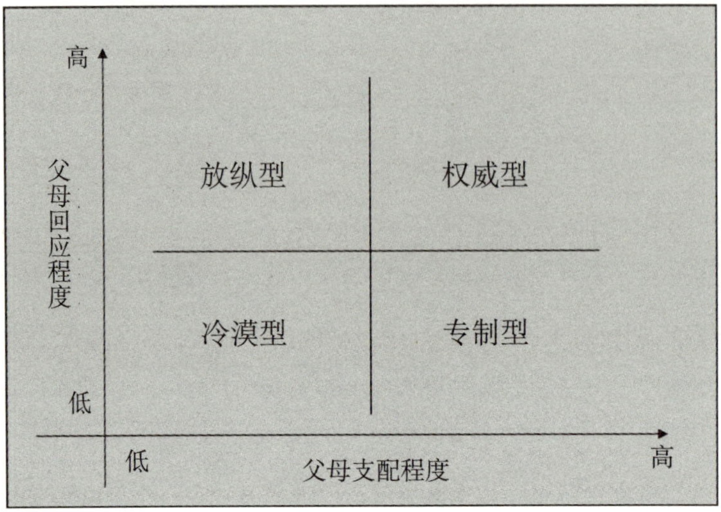

专制型父母的教养方式

父母对子女高控制，但对子女的回应性很低，表现出严格、冷漠的特点。孩子要无条件地服从父母制定的规则，父母很少考虑孩子的需要和愿望。这样的父母常常惩罚孩子。这样的父母常常采用“不行，你必须……”“你给我……否则你就……”等表达方式。

权威型父母的教养方式

父母对子女回应性高，比较温暖，而且有适当的控制。他们会给孩子制定清晰一致的规则，但也会尝试与孩子讲道理，并对一些问题进行讨论。这样的父母常用“下次知道了啊！”“下次就不这样了！”“我们约好了啊！”等表达方式。

放纵型父母的教养方式

父母对孩子会有充满温情的照顾，很少对孩子进行控制。父母会容忍孩子的行为，很少惩罚他们。这样的父母常说“好的好的！”“可以可以！”；会进行一些无明确指向的称赞，“你真棒，我的宝宝是最棒的，真是小天才”。

冷漠型父母的教养方式

这种父母也被称为忽视型父母。他们对孩子不感兴趣，与孩子感情疏远，在孩子基本的生理需要外很少有别的表示。他们不愿意在与子女的沟通和交流上花费时间。这样的父母在家与不在家都一样。即使他们在家，子女也视他们如不存在。

四种父母养育出来的孩子也会相应地表现出各自的特性。

专制型父母养育的孩子：社会技能不足，对人不是非常友好，在同伴中的表现不是很自如。

权威型父母养育的孩子：比较独立，负责，友善，社会技能较强，能够有效地调节自己的行为，具有合作精神。

放纵型父母养育的孩子：倾向于依赖他人，社会技能和自控能力比较差，容易冲动，也容易受挫折。

冷漠型父母养育的孩子：往往比较冲动，自尊感比较低，攻击性强。他们缺少父母的爱，与父母在情感上的疏离会影响他们生理、心理及认知方面的发展。

所以，我们要懂得认识自己，调整自己，选择当什么样的父母，而不仅仅是问：“他怎么了？他怎么办？”这是我们为人父母的第一项职责。

另一个要思考的问题是拟合度，即孩子的气质类型与家庭、与外在环境的吻合程度。

如果拟合度高，外在环境友好，孩子会成为易养型孩子。

难带型孩子则表现为与家庭、环境之间的相适度低；家庭、环境企图不断地改变孩子、让他按照自己的意愿去发展，而孩子在不断抗争，想按照自己的本真去发展，于是矛盾、冲突与对抗在不断上演。

6种错误的养育方式

错误养育方式一：偏执地纠正

儿童心理研究发现，如果儿童经常受到成年人的指责、批评，将会对学习、成长失去信心。比如，经常在语言方面受到批评，孩子可能会变得沉默寡言，不愿开口。

在实际生活中，我就遇到过这样的情况。

桔子有一个朋友叫楠楠，她俩玩得很好，他们经常到对方家里做客。

楠楠口齿清晰，这方面从小就很突出。但桔子到3岁多4岁时个别音发得还不是很准，可能是受她爸爸湖北口音的影响，有时“n”“l”不分，常常将“楠楠”（nan nan）叫成“蓝蓝”(lan lan)。

在楠楠家玩时，桔子一叫“蓝蓝”，楠楠的爸爸就会说：“没这个人，没有。”桔子叫一次，楠楠的爸爸说一次。一起出去玩，桔子和楠楠坐在一起，桔子一叫“蓝蓝”，楠楠的爸爸也会说：“没这个人。”

一次，玩具掉在了楠楠爸爸的脚边，楠楠爸爸捡起来递给桔子，桔子有礼貌地说：“谢谢楠楠（lan lan）爸爸。”楠楠的爸爸又用严肃的态度纠正道：“不是蓝蓝，是楠楠。”这在桔子听来好像没什么区别，她被搞糊涂了，一脸茫然地跑了回去。后来，她再也不到楠楠爸爸身边去了。

见楠楠爸爸这么在意，我也开始试着帮助桔子区分这两个发音。晚上睡觉前我们经常玩自编的“楠楠”与“蓝蓝”的绕口令游戏，以帮助她纠正发音。

后来有一次与楠楠妈妈聊天时，我说：“楠楠的爸爸好像很在意桔子的发音，我现在在家里已经帮桔子练习了，如果楠楠爸爸真的很在意，我向他道歉。”

楠楠妈妈赶紧解释道：“楠楠的爸爸是从事技术工作的，对细节很专注、很在意。他不是故意为难桔子的。”

练了一段时间后，桔子能正确地叫“楠楠”了，但她更多地开始叫楠楠的大名了。

从这个例子延伸开去，我们可以发现有些家长因为自身性格或职业习惯的原因，对婴幼儿的一些行为从小就会进行严格的要求和持续的纠正，但这恰恰有可能会成为孩子在今后不自信、退缩或是执拗与逆反的一个起因。

赵宏老师点评

由于受遗传、生活环境等各种因素影响，同龄儿童在身心发展的各个方面会表现出差异性。对于儿童某些方面发展滞后或不足时，父母、老师等成年人要给予儿童更多的理解、包容和鼓励，要有足够的耐心陪伴、等待和帮助儿童完善发展。

成人在纠正儿童的不足时特别需要注意方式方法，有些父母认为孩子一定要从小严格要求，尤其是处事非常严谨、力求完美的父母，他们对儿童的教育方式通常更加严格，不能接受孩子有偏差。当孩子的实际能力与这种要求还有一定距离时，成年人过于严格、密集的纠正可能会使儿童失去信心、退缩、回避甚至逆反。

比如，文中楠楠爸爸希望帮助桔子准确地叫出他女儿的名字，但他对桔子发音的纠正方式有待商榷。虽然桔子不知道发生了什么，但楠楠爸爸持续多次的行为，使她从楠楠爸爸那儿感受到了压力，所以表现出了回避行为——不再靠近楠楠爸爸，减少称呼“楠楠”而改称其大名。

在咨询中，我遇到过很多在“严格”教育下出了问题的孩子。父母都很爱自己的孩子，但遗憾的是方法不对，他们忽略了孩子成长过程中的个体差异，不了解孩子从做错、不完善到做对、完善也是成长的必经阶段，需要给孩子足够的空间和时间完成这个过程。有些父母一直盯着孩子的错误，不停地挑错、要求、批评，不能达到父母的标准甚至会呵斥、惩罚。在这样的教育下长大的孩子要么表现为畏缩、低自尊、感觉缺乏爱、认为自己什么都做不好，要么表现为逆反、暴躁，喜欢否定别人、唱反调，经常生气。这些表现会延续到更大年龄甚至成年人，并且对学习、生活及人际等诸多方面造成困扰。

爱孩子，请让他们感受到爱的温暖，给他们自由探索的空间，给他们学会、做对的时间，并给予他们耐心的引导和陪伴。

错误养育方式二：习惯性否定

父母、长辈在与孩子交流时，凡事都喜欢用“不对”“不是”“不行”表明自己的态度：“哎哎哎，你这样不对”“你这个不对”“你这样不行”……

这对孩子自信心的打击是很大的。比如：

奶奶在包饺子，孩子很好奇，也拿着面团学，奶奶立刻说：“你不会，别弄一身面粉，快走开。”

孩子很高兴地给爸爸看她画的房子，爸爸却说：“你这画的根本不是房子，没有这样的房子。”

孩子很兴奋地自己穿好了鞋子，妈妈看到鞋穿反了马上说："你怎么这么笨啊，这么穿不对。"

孩子自己看着绘本上的图画，按自己的想象给娃娃讲故事，妈妈马上说："你讲错了，这幅图不是这么讲的。"

孩子没把一件事情做好，父母的回应是："你总是（只会）给我添麻烦……"

……

还有一些话对孩子来说也有"不"的意味，如："你看，我就说吧！"

桔子对此极其敏感，甚至达到深恶痛绝的程度。她与我拉钩，让我承诺以后不说这句话，而且100年不许变！"你看，我就说吧！"这句话很可能是你的口头语，不信你留意一下。

这里，成人觉得自己否定的只是一件事，但在孩子的感受中被否定的是他的全部——容貌、绘画能力、做事能力、聪明程度……他进而会感到自己没有被父母接受。儿童会在长期被否定中放弃成长的探索，失去自信。

赵宏老师点评

心理学家罗森塔尔有个很著名的实验，即罗森塔尔效应实验：他在一所小学随机找出十名学生，并暗示老师这些学生比其他学生更有天赋和潜质。经过一段时间后，跟踪结果显示这些学生的智力水平和学业成绩明显高于其他学生。其关键原因是教师对这些专家认为有更高天赋和潜质的学生产生了积极期待，给予他们更多的关注、赞许和支持，而这些学生也因为受到教师充满肯定的积极反馈而对自己更有信心，进而提高了学习的积极性和创造性，使潜能得到发挥。

很多年以前去一个朋友家做客，朋友家里有个4岁多的女孩儿。

当我邀请她为我唱首歌时，孩子小声说："我不会唱，我唱歌跑调。"我说："谁说你跑调啊？"她妈妈在旁边说："她不会唱歌，一唱歌就跑调。"我说："这么小的孩子下这个结论太早了，多练练就好了。"孩子的妈妈很有智慧，从此以后她不仅不再说女儿不会唱歌，而且还会积极鼓励女儿。上小学时这个女孩甚至参加了学校的唱歌比赛，而现在她已经是一位很出色的专业歌手了。

再看上面那个例子，其实楠楠爸爸只要蹲下身来，与桔子面对面，耐心地对她说："桔子，你说一个'楠楠'，不然楠楠要变成'蓝颜色'啦，哈哈哈。"在轻松幽默的气氛中，桔子肯定会记住楠楠爸爸的话，也会回家主动愉快地练习，努力叫好"楠楠"。

所以，父母应尝试改变自己的说话习惯，把说话前的那项否定的帽子摘掉，平和地向孩子说出正确的内容，比如：你看这样……就对了；菲菲你看我想了个办法，如果……就更好了。

父母的评价在孩子眼里就是权威。经常被否定的孩子，他们的成长会受到抑制和阻碍，经常被鼓励和认同的孩子才会收获自信。

错误养育方式三：比较与指责

世间没有两片完全相同的树叶，世间也没有两个完全相同的孩子。孩子总有不同，家长总有比较。

作为家长，我们肯定希望自己宝宝交的朋友都是优秀的小朋友。既然是优秀的小朋友，那肯定有优点。我们就开始比较了：朵朵很有主意，乐乐饭吃得多多的，吉米运动能力强，拉拉爱看书且很会讲故事，妮妮和谁都玩得来，琪琪练琴能坚持，菲菲做事很用心且很会琢磨……

最典型、最具代表性的比较与指责的用语是："你看某某某……你再看看你！养你这个孩子有什么用！"

比较当然要有，因为你的孩子肯定不是完美无瑕的。但这种比较是否可以用一种积极、乐观的方式进行呢？例如：

你的好朋友桔子跑得真快，我们以后经常跟着她一起跑，这样你也能跑得很快了；

你的好朋友大海英语说得特别好，以后你上课争取坐在他的旁边，和他一起认真听讲，跟着他开口说；

你的好朋友叶子很温柔，你以后经常和她一起玩，也会变得温柔可爱。

……

这样，你的孩子更愿意跟某某小朋友在一起，跟着他学礼貌；

这样，你的孩子更愿意跟某某小朋友在一起，跟着他学“吃饭香”；

这样，你的孩子更愿意跟某某小朋友在一起，跟着他学张口说英语。

……

这样做的结果就是，你的孩子再也不会一见了那些有优点的小朋友就排斥、反感，就远离，更不会一见了他们就推打或恶语中伤。

嫉妒情绪的产生是家长消极比较最直接的后果。

当着众人的面否定孩子，会伤了孩子的自尊心；表扬其他孩子会使自己的孩子感觉受到了冷落……这个年龄段的孩子自我意识开始增强，对来自外界的评价也会随之变得敏感。

从心理的角度看，孩子的嫉妒，是对在某些方面比自己强或比自己优越的小伙伴怀有的一种不安、痛苦或怨恨的情感，具体体现为消极的、不良的情绪和行动。在孩子心理与性格成长的关键期，我们一定要以一颗敏感的心感受孩子的细微变化，调整我们与孩子的沟通、交流方式，建立正面、积极、乐观的基调，为他幼小的心灵之苗播洒阳光和雨露。

比较与指责也是父母感受到育儿压力后的一种表现，是父母将育儿压力不负责任地推卸到孩子身上的体现。父母在育儿过程中所产生的压力会使父母感到焦虑、抑郁，这种消极心理状态会影响亲子之间的互动和亲子关系的质量，并蔓延到孩子身上，从而影响孩子的认知、情绪、情感、社会性的健康发展。

经常受到比较与指责的孩子，大一点儿后还很容易出现“任何有挑战的事他都不愿意做”的情况。一位妈妈说：“他现在选择的项目都是纯玩儿型的，都是跟学习无关的。”不愿意选择“学习”的项目，说明孩子在以往的“比较与责难”中形成了“痛苦经验”，不愿意再跳进大人的圈套。所谓“大人的圈套”，就是在“学习”之前大人说，这是很好玩的，学了以后就可以……可是真学了以后，孩子就会发现并不像想象中的那么愉快，反而很痛苦。当初想象的愉快、美妙的情景根本不可能达成，或者需要长期艰苦的努力才能达成。比如，学琴，学之前家长与孩子共同憧憬着那美妙的乐音和潇洒的姿态，但坐上琴凳后发现那是漫长的基本功练习。练得不好时，妈妈逼、骂，孩子哭、逃。

错误养育方式四：苛求与埋怨

有的家庭，父母或老人喜欢抱怨，事事抱怨。但是怨天尤人毫无益处，它是一种消极心态的象征，也会深深地影响孩子。

我遇到过一个孩子，3岁多时有段时间遇事开口总是先说：“哎呀……”这就是家里人平时说话总用这种开场白的缘故。

“哎呀！又打翻了。”

“哎呀！看你干的。”

……

“哎呀！”这是一个很不好的语气助词，是埋怨、抱怨和推卸责任的标志，孩子不知不觉就跟着学会了。

就像一个笑话里讲的：

爸爸在沙发上看电视，孩子在一边玩儿。孩子在沙发上翻了一个跟头，不小心掉到了地上。孩子爬起来跑到爸爸身边打了爸爸一巴掌说：“看你，是怎么看孩子的？”

这虽然是一则笑话，但从中可以折射出这家人平时说话做事的态度——埋怨与推卸。慢慢地，孩子就会形成这样的思维习惯，凡事都是别人的错，自己是没有责任的。这被称为一种“很具破坏功能的家庭沟通模式”。

让我们放下这把“苛求与埋怨之剑”吧！

对于2～4岁的小孩，将水杯打翻或把东西掉地上的情况十分常见。特别是两三岁的孩子，觉得自己能独立做一些事了，特别喜欢帮忙，可是他们又做不好，很容易出现越帮越忙的情况。他们常常会被大人呵斥、埋怨、支到一边去，或是根本就没有机会插手任何事。但这个时期的小孩偏偏喜欢“插一手”。其实，这时是他们养成做事习惯的关键期。大人不让他做或是没做好受到呵斥，会大大挫伤孩子的积极性、损伤孩子的好奇心及参与度。

这时大人能做的就是耐心给孩子做示范，指导孩子能端稳、不打翻、不掉地。同时，我们要告诉孩子遇到各种突发情况时的处理方式，比如说放置的位置；什么东西掉了不要紧，捡起来就可以了；什么东西掉了就不能要了，所以一定要拿好；家里的抹布在哪里，水打翻了可以自己处理……其实你只要认真地教上几遍，孩子就能记住、就能掌握，再遇到这样的情况时，孩子就能正确地处理，不会出现大哭大叫的场面，你一边埋怨着一边自己奔进卫生间去拿拖布的情景也就不会发生了。当然，我们也要教会孩子对没做好的事进行补救，这对培养孩子的责任心很有帮助。

桔子也经历了这样的过程。在3岁遇到这样的情况时，她的应对方法是：一旦打翻水杯自己就先哇哇大哭（这也是孩子的一种策略，她先哭，你就不会埋怨她了）；东西掉了就装作没这么回事，自己走开了，或者对我说“没事的，没事的”，但并不捡。

后来我检讨了一下自己，其实我并没有认真地跟她说过怎样放水杯及打翻水杯后怎么处理，只是在她拿水杯时叮嘱她“小心”，打翻水杯后对她说得最多的就是“怎么又打翻了”，然后自己赶紧去拿抹布来擦。

发现自己的问题后，每次她要帮忙做事时，我都会先认真仔细地为她示范：水杯怎么放；抹布在哪里；掉地上的东西要捡起来，硬的怎么处理、软的怎么处理；地怎样扫、拖把怎样拖；马桶怎样刷；鸡蛋怎么打；白菜和包心菜怎样剥；口怎么漱可以漱到嗓子；澡怎么洗；鞋怎么刷……总之，家务事、她自己的事，统统先耐心教几遍，好好地说，把要点、难点都讲好、讲透，还有遇到问题怎么解决。

我们回想一下就会发现，在孩子做事前，我们很多时候并没有好好地、完整地为孩子示范过这件事怎么做，通常都是只讲一个开头，后面多是“口头指示”，但孩子在这个年龄段对“先怎样、后怎样、再怎样、翻过来、掉个个儿、桌子中央”之类的话还不能有正确的理解和把握。通常我们会在他做错或惹事后抱怨他或责备他时，带上一句：“你看，这样不就行了吗！”但那时孩子可能在哭或被你批得噘着嘴，你的话他未必能听进去，所以这种方法通常也是无效的。

自从采取了新的沟通方式后，桔子做事的积极性和做事的完成度都有了大大提高。水杯还是偶尔会打翻，但她会把桌子、地板擦好后来告诉我：“刚才水打翻了，我都擦干净了。你看我现在都会自己做事了，不像以前只会哇哇叫了！”

电视节目《爸爸去哪儿》有一期，爸爸叫Angela帮忙洗大白菜，Angela洗着洗着，连盆带菜都翻倒在地上了。Angela叫了一声爸爸，爸爸正在炸肉没听见，Angela从地上捡起了菜，端着盆子去水龙头底下将菜冲洗干净了。这种遇事时的处理方式对一个刚满4岁的孩子来说十分不易。

“海岛游”那一期，石头的爸爸则因为“打翻”对石头发了两次火。

中午吃饭时，石头要吃方便面，爸爸煮好后爷儿俩一起在房顶上吃。都快吃完了，石头手一闪，剩下的汤面全倒身上了。爸爸带石头进屋为他换好了衣服后，发现鞋也脏了，这时爸爸有点儿上火了：“石头，你说你都多大的孩子了！”这时，石头就坐在炕沿上无聊地等着，说些话想转移爸爸的注意。

到了晚上，回家准备睡觉了，石头说口渴，爸爸给了他一瓶矿泉水。石头喝了几口后听到爸爸叫他，石头回答“等一下”，便将水瓶放在炕上，一下没放稳水洒了一炕。石头出来诚实地告诉爸爸水洒了：“每次我都要遇到洒水，又洒到被子上了，不过不太多。”这下，爸爸先表示了愤怒：“你能不能像个大人的样子，好好的……”然后爸爸发现被子也湿了一些，就有点儿上火：“你看这还怎么睡啊……”石头在一旁乖乖地听着，然后不时插嘴道：“知道了，你别说了。知道了，你别说了。”

其实，这是爸爸低估了自己的孩子。汤倒身上了，爸爸可以拿出一套衣裤让石头自己换上；发现鞋子也脏了，可以让石头换上新鞋或拖鞋自己去把弄脏的鞋子擦洗干净。因为6岁的孩子对穿脱衣服和换鞋洗鞋应该都很熟练了。再如，水杯、水瓶容易打翻，也有一个很简便的解决方法，就是每次喝完水后习惯性地将瓶盖拧上。家长经常为孩子打翻汤水发火的年龄应该在2岁半至4岁左右。教会孩子怎样处理突发状况可以使孩子更主动，知道如何应对各种问题和状况，为大人减轻不少负担。同时，孩子也会更主动地关注自己的行为，知道怎样减少“意外”的发生。否则孩子只会报告、等待、听训，下次发生同类的事情时还是这样。

赵宏老师点评

埋怨指责的沟通方式是对家庭很有破坏力的沟通模式，很容易导致儿童成人后缺乏应有的责任感，遇到问题推卸责任。经常被指责、被埋怨的儿童要么会表现得逆来顺受，遇事没有主见、没有担当；要么经常指责、埋怨别人，攻击性强，这对儿童健康人格的形成非常不利。

错误养育方式五：冷落与有条件的爱

“和大人们在一起时，大人都在忙着看手机，好像我不存在一样。”

“我妈晚上遛弯儿的时候都在看手机，还要我帮她看着路，不知道在看什么，那么认真。”

……

陪伴更多的应是一种心灵的沟通、思想的交流。宠物都会时常扑进主人的怀抱寻求安慰，更不要说我们的孩子。每天只会命令、催促、埋怨的父母，最终只会成为孩子身边那个最熟悉的“陌生人”。

还有一种对孩子情绪、性格都会产生很大不良影响的情况，是父母“有条件的爱”。

最近看了电影《聪明的一休》。芙蓉国的小公主玉兰是猜谜高手，世上没有几个人能猜得出她的谜题。对于猜不出谜题的人，她会给对方画上一张大花脸，以示惩罚和羞辱。当听说有个一休师父是世间最高明的猜谜高手时，小公主怀着一心要打败他、不能有人比自己强的意念，偷偷随船去找一休师父。

当一休来到义满将军家救驾时，义满将军全家都被玉兰公主画成了花脸。经过几个回合的比试，玉兰公主败下阵来。小一休出的难住了玉兰公主的谜题是：“什么东西有时候很软有时候又很硬？它很小，但能装下整个世界。”玉兰公主一心想知道答案，可一休就是不告诉她：“对于自己没有感悟的人，告诉他答案也是没有用的。”

为了得到答案，玉兰公主将自己“赏赐”给一休——当一休的妹妹，并同意和一休一同回庙修行。后来，玉兰从一休与小太郎的相处中以及小太郎对待自己弟弟妹妹的行为中，感受到了人与人之间的爱与温情，知道了“眼中要有他人”的意义。最后，她向一休吐露了真情：“我和皇兄们很少讲话，父皇和母后也很少与我在一起。我拼命地练猜谜题，是因为只有我都猜对了，父皇母后才会爱我，才会来到我身边。所以，我必须打败所有的人。”

在影片结尾，公主猜出了一休的谜题：“什么东西很软又很硬，它很小，却能装下整个世界——心。”公主由此知道了心中要有爱、心中要有他人；知道了父母对子女的爱都是一样的。这时的她一心想着赶紧回到芙蓉国，回到父母充满爱的怀抱。

影片中小公主的种种努力、种种蛮横、种种冒险、种种不甘都是源于她对亲情的渴望、对爱的渴望。她害怕自己因为猜不出谜题，被人比下去，从而失去父母的爱。这与当今社会很多孩子的心声多么一致：只有我都做对了，父母才会爱我。也正因为父母这种有条件的爱，才滋生出孩子刁蛮、变态的情绪和心态。

赵宏老师点评

有条件的爱，容易让孩子感受到的是“交换”。孩子能够符合父母的要求时，父母才表现出爱。这时父母爱的不是孩子，而是自己的要求。

每个孩子内心都依恋父母的爱，对失去爱感到恐惧。为了得到父母的爱，有些孩子会努力迎合父母的要求以换取父母的爱。孩子在这样的教养方式中成长，通常安全感不足，成人后情感上会更多地表现出冷漠。

错误养育方式六：出口伤人与没有尊重

有些大人没有掌握“好的”说话方式，孩子稍有差错，大人就用“骂”的方式表达，孩子慢慢地也会以“伤害语”的方式来回应。

一位妈妈向我咨询时说：“为什么我的女儿（2岁）经常摔东西？只要她稍不满意或不如意，就会将手中的东西摔在地上。”后来在我的建议下她回家后发现她的婆婆平日里就是这样对待公公的。她的婆婆平时帮她带女儿，对她的女儿很好，但对她的公公却很是“粗暴”，于是她女儿也就学会了。

“出口伤人”也是同理。有时大人会受自己情绪的影响对孩子发火，将自己的负面情绪发泄、转移到孩子身上，这时对孩子做出的评价不可能是客观、公正和善意的。

在心理学的追踪研究中，有心理学家发现了一个“进门5分钟”现象：夫妻俩下班回家，进门后的5分钟内很容易发生争吵并责骂孩子。工作一天回到家，又累又烦，这时如果夫妻两人有些事没协调好，或者孩子正好又在“调皮”，那就很容易发生争吵。我也常听到同事、朋友说：“有时穿着高跟鞋挤了1小时公交车回到家，脚痛得都快裂了。这时家里如果乱糟糟的，老公要么不回来，要么回来了也是躺在沙发上看电视，厨房一点儿热气也没有，心里的火一下就上来了。”这种时候孩子常常会一同遭殃。

坏情绪会传染，你传染给对方，对方也会传染给你。所以，要孩子顺，我们自己首先得“顺”。

还有就是人与人之间基本的相处之道——尊重。

我们要尊重孩子，尊重有其外在的形式，如蹲下来与孩子面对面说话；允许他自由地表达、畅所欲言；有足够的时间和耐心听他说；等等。但从内在来说，尊重就是用孩子的眼光看问题、用孩子的方式与其交流，尊重就是你理解他。

在《爸爸去哪儿》节目中，4岁的Kimi还处在愉快地扮演神奇人物的阶段，爸爸林志颖也充分理解并利用了Kimi的这个年龄特点。在Kimi一开始还不能接受某些事物时，林志颖并没有一本正经地说教。比如，节目组要求他们戴上麦克风开始节目的录制时，Kimi表示“不要”。其实他真正的意思并不是“不要”，而是不知道这个东西是什么，是做什么用的，而且样子有点儿“丑”，一点儿都不“酷”。这时林志颖并没有说“这个是录节目要用的，我们必须戴上”，而是用Kimi能接受的方式说服：爸爸先戴上，然后呼叫队员：“呼叫Kimi，呼叫Kimi，听到回答！你准备好了没有？”

“爸比出现，爸比出现。”

一看到原来这就是扮“美国队长”最需要用的呼叫机后，Kimi简直高兴坏了，这可是他长久以来的向往啊！一切是那么顺理成章，顺其自然，充满童趣。这不是我们所说的“惯着”，也不是任性，这是爸爸对孩子的理解与尊重。

节目播出过程中，大家都觉得林志颖很对Kimi的“点”，能用Kimi所能接受的方式化解一些突如其来的事情或安抚Kimi的情绪，让Kimi始终情绪安定并且爱心满满。比如，在破烂的蜘蛛房里，林志颖并没有向Kimi抱怨房间脏、死蜘蛛恶心，没有把自己的不安不自觉地传递给Kimi，反而是利用Kimi的好奇心让他仔细观察蜘蛛。做饭时，一个不知从哪里冒出来的闹钟突然响起来，把Kimi吓得哇哇大哭，林志颖不仅安慰了Kimi，还让Kimi和闹钟交了朋友，让Kimi像拎宠物一样拎着闹钟玩。某一集里，林志颖离开Kimi，让Kimi跟着其他小朋友独立完成任务时，那个时间点儿也把握得很好，他知道Kimi实际上已做好了思想准备，就差迈出关键一步了。当我们都在预想着可怕的情况就要发生时，Kimi却十分镇定。他来回寻找爸爸，可当他发现爸爸真的离开后，便好好地跟着石头哥哥，并向石头哥哥“解释”：完成任务就能见到爸爸了。

林志颖这种理解与尊重也赢得了Kimi发自内心的深深的爱。

在另一集村长与孩子们聊天的场景中，村长问Kimi：“你是想要他（爸爸）常常回家呢，还是想要你最喜欢的玩具？还是希望他经常陪你的妈妈？你最希望什么？”

Kimi沉思良久，说：“想要他陪我的妈妈！”

这个回答连他爸爸都很吃惊。一个4岁的孩子在最希望的事里面，能放弃自己最喜欢的玩具而选择让爸爸多陪妈妈，从而跳出自我的主体，将客体的感受的满足作为主选，这种选择大大超越了他的实际年龄。这表现出他对爸爸妈妈的理解和尊重，能把爸爸妈妈的需求放在自己的需求之上。

看到这样的场景，不知有多少妈妈会在电视机前瞬间泪奔！

“爸爸妈妈都在你身边的时候，妈妈就是最幸福的，你也是最幸福的，是不是？”

“嗯！”这时的Kimi已经把自己的脸挤成了一个心形。他想哭又想笑，他想用甜蜜的笑脸来迎接这种幸福。

就像郭涛后来在一个访谈节目中说：“不能只有严厉，尝试顺着孩子的思想摸索才能更好地达到目的。”而这种摸索的基础便是理解与尊重。

情绪与性格养成法一：发掘孩子的闪光点，帮其增强成就感

▼

快乐是一种情绪，是一种心理预期实现后的满足感，它也是孩子自信心的来源。试着帮助孩子寻找一个可以增加他的吸引力的闪光点，只要是他的强项，什么都可以，让这个强项增强他对老师、同学的吸引力，从而增加孩子的成就感。

比如，上课认真听讲，积极举手回答问题；

比如，积极帮老师做事，做老师的小帮手；

比如，很会讲故事，经常带故事书去幼儿园讲给小朋友听；

比如，很喜欢跳舞，不一定舞姿优美但跳得很有感觉；

比如，身体运动能力很强，跑得快，跳得高；

比如，经常带些小玩具到班里与小朋友分享；

比如，性格温和，喜欢微笑，每天高高兴兴的，没有怪脾气，愿意与小朋友一起玩，不小气，不爱生气；

……

这些闪光点可能只是一些小事儿，哪怕开始时只是一点儿小苗头，只要发现了，坚持了，它就会“光大”，最终成为孩子的优点，成为孩子被老师、同学关注、喜爱的优点和长项。

情绪与性格养成法二：拒绝消极的增加压力的说话方式

小朋友之间总是存在各种各样的个体差异，这些差异都会在家长间引起议论。有些时候，这些话题在大人的描述中不知不觉形成了孩子间的对比，以及对孩子的进一步要求。这种情况很容易引起孩子的不安与不快，这种不快的日积月累会引起孩子情绪上的反应。小小的不安、心理不平衡、不愿被比较就会反映在他与朋友的实际交往中。而当这些负面情绪已经转化为行动时，说明这种情绪已经郁积很久了 。

比如，孩子本来在班里“没有求到关注”就有些压抑，或看见别的同学某方面特别突出而“受了刺激”，回到家自己的亲人又总在说：“你看，某某某多好，某某某什么都会了，你什么都不肯学，什么都不会。”这样要么会造成他的自暴自弃，要么会引发他“嫉妒式的仇恨”（也许用词太夸张了），转而去攻击其他小朋友。

一次，我的一位同事给我打电话，说她女儿在学校遭遇了不愉快的事。那天她女儿所在的大班年级组举行了拍球比赛，事先老师没有通知，大家也没有刻意练过。因为她女儿一直喜欢运动，所以不怕这种突然袭击，在拍球比赛中居然得了冠军。放学回家后，她女儿特别高兴，说：“老师抬来了奖台，让我们站在上面，我站得最高，我是第一名。”她女儿摆出手举奖杯的样子。但接下来她女儿说的话大大出乎了她的意料。她女儿说：“我得了冠军后，袁袁过来打我，把我推倒在地，还用手拧我，说再也不和我做好朋友了。老师让她向我道了歉。但后来袁袁又去打别的小朋友了。上语言课时，袁袁也不听，在教室里乱跑。老师把袁袁请出了门外。她在门外也不好好站着，而是跑到了别的班，老师又出去追她……”

同事问我：“小朋友真的会这样吗？会有这么强烈的情绪反应吗？”同事不明白，袁袁打人的行为真的是因为她女儿得了拍球冠军引起的吗？袁袁为什么会这样呢？她应该去问老师吗？她应该给袁袁妈妈打电话吗？她应该叫老师给袁袁妈妈打电话吗？

我们花了半个小时讨论这件事。我的建议是，由我的同事给袁袁妈妈打电话。如果同事叫老师给袁袁妈妈打电话，好像显得事情很严重。如果不给袁袁妈妈打电话，袁袁强烈的情绪反应得不到舒缓，会在心里郁积，需要更多时间来化解。在这期间袁袁还会采用一些发泄的方法伤害其他小朋友甚至她自己。我对同事说：“你给袁袁妈妈打电话不是为了你女儿，而是为了袁袁，她的妈妈一定能理解的。”

为什么坚持叫同事这样做？因为另一位同事读小学的女儿遇到的事给我留下了深刻印象。在小学五年级（11岁）的班里，一名坐第一排的女生每天必定绕到最后一排“打”她女儿一下，并骂上一句“神经病”，因为她女儿成绩较好。班上的同学都将这名“打人女生”称为“外星人”，视她不存在。这就是不良情绪的长时期郁积最终发展为负面性格的一个典型的例子。因为“打人女生”的表现已经超出了正常的情感表达模式，进入了一个“定式”，即不管今天有没有考试、运动、比赛、表演，她都必须去打同事的女儿一下，并骂一句“神经病”。

类似情况的发生一方面是由于家长日常与孩子交流的方式让孩子感到不适；另一方面说明了孩子好胜心强，当结果没有达到自己的期望时，就产生了很大的心理落差，就需要发泄出来。所以，当类似的情况发生时，特别是还在幼儿园阶段，一定要让孩子的家长知道，要及时帮助孩子进行心理疏导。因为及时的心理疏导比过了一段时间再来疏导孩子能达到更好的效果。

当出现类似的同伴关系障碍时，小朋友们会做很形象的比喻。

他们会说："我是百合花，思思是水仙花，然然是荷花，琪琪是'鬼脸花'。"

他们会说："琪琪骂思思是巫婆，琪琪还打思思，从正面打下来，打了个巴掌，把思思差点儿打哭了。思思来告诉我，我冲上去'骂'琪琪：'你打人，你这样是不对的。'"

他们会说："我是向日葵，我很温暖，我给大家输送能量；小白是三叶草，可以吹散雾气；阿楠是机枪射手，嘟嘟嘟很厉害；丽丽是萝卜伞，保护大家……大家都围着袁袁打，那袁袁不是变成'僵尸'啦？哈哈哈……"

他们会说："琳达说自己是白雪公主，我说她不是，她那么喜欢生气，还总骂别人丑。安安才是白雪公主。安安对人很好，会关心人，很善良。后来安安来了，说琳达不是白雪公主，然后就拉着我走了。"

他们会说："今天跃跃把琪琪打得飞上了天。今天琪琪去打跃跃，跃跃一拳打出去（摆出弓字步，手臂有力地打出），把琪琪打飞了。"

……

我并不是想用小朋友的话证明某个孩子有多"坏"，而是想提醒广大家长注意，当孩子的思维、言行举止与大家不合拍时，小朋友是怎么议论的；以及，这样的孩子很容易因此受到群体的排斥甚至孤立。

另一个5岁孩子的妈妈向我提到，有一段时间，她的孩子在幼儿园不愿意下楼做早操，宁愿一个人躲在教室里。老师为此还在家园联系本上提醒她劝导孩子。

经过与这位妈妈的交流，我了解到她的孩子攻击性比较强，经常与班上的小朋友有肢体或语言上的冲突，所以常有小朋友向她告状。可能这种情况多了，引起了小朋友对孩子的抵制和疏离，孩子也觉得被小朋友们疏远了，觉得与群体不相融，他不想看着身边的小朋友跳跃、欢笑，因为他自己开心不起来。这位小朋友在家时也十分叛逆，总与家长拧着来。

同伴关系从表面看起来是小朋友之间的关系，但它从另一个侧面也反映了亲子关系对孩子的心理、情绪乃至性格造成的影响。像这位小朋友在家表现出来的叛逆和在幼儿园表现出来的交友障碍，更多地折射出家庭亲子关系的不畅以及由此引发的孩子的不良情绪在同伴身上的宣泄。

所以，当孩子在同伴交往中遇到问题时，家长还是需要首先审视自己与孩子的亲子交流状态，同时积极了解情况，帮助孩子渡过社会性发展的难关。

而且家长还应该知道的是，这种情绪反应在以后可能还会多次出现反复，我们要敏感地找到踪迹，不要什么都无所谓，以为小孩子嘛，调调皮、吵吵架，过两天就又好了。我们要做的是，在这种情况出现苗头时，适时帮助孩子调适心理，帮助他进行自我修复，在不伤害别人的同时也使自己不受伤害。因为到小学以后，伙伴中开始发展小群体，这时如果还不能适时地进行自我调适，就会受到同学的疏离和排挤，到那时所受的心理创伤会更大，与同学之间的关系的修复也更难。而且小学时一个班的人数更多，40多人一个班，老师很难观察或顾及其中某个同学的情绪问题。

与同事讨论这些例子的时候，有同事会说："袁袁的嫉妒心太重了，这么小的孩子！"而我则不同意他们的观点。这时用"嫉妒"这个词未免太严重、太定论化了。对于五六岁的孩子，她只是产生了一种情绪。但是，如果这种情绪持续的时间很长或经常发作，那就可能要变成情绪病了，就像假性近视发展为真性近视一样，就属于心理疾病了，这种情绪最终会定型为嫉妒的心理。

所以我们还是要更敏感地体察孩子，及时帮助孩子化解心结，让他能够接受、勇于面对、化压力为动力、奋起直追。凡事有输有赢，这次输了争取下次赢；别人取得了好成绩，我为他感到高兴，我也努力……这种思维习惯和行为模式的养成，对进入小学以后的校园生活以及接下来的整个人生都将有着十分积极的意义。

情绪与性格养成法三：与孩子交流要懂得“打开天窗说亮话”

▼

不说：你今天表现很好。而说：因为你今天管住了自己，上课不乱跑，妈妈要表扬你。

不说：你真聪明。而说：别的小朋友画出一个层次，而你画出了两个层次，观察得真仔细。

不说：你真笨。而说：明天再听仔细点儿一定就明白了。

不说：光捣蛋。而说：把鞋穿好，坐到桌边来。

不说：宝宝真乖。而说：妈妈一叫你就过来了，动作真快；你都会自己吃了，都会等妈妈了，都会帮妈妈拎东西了。

不说：来学习吧。而说：把那本走迷宫的书拿过来，妈妈陪你一起玩儿。

……

感受到其中的区别了吗？那就是指出具体的某一项，说出具体的某一件事。这是父母与孩子日常交流中很重要的语言技巧。

在日常生活中我们习惯了笼统的词汇，但由于这些词汇太笼统了，以至于孩子并不知道你正在赞美、鼓励的是他的哪一点，不满意的又是哪一点。

再比如“乖”。

“乖”是什么？什么样就是“乖”了？乖孩子就是好孩子吗？

“乖”是大人对孩童的行为表现进行表扬的常用词汇，10岁之前用得更多。“乖”是标准的强权对弱小的要求与界定，更多地体现了儒家推崇的顺从理念。如：“你不听话，不乖。”“今天帮外婆做事了，真乖。”

但是，我不喜欢“乖”这个词。因为“乖”首先强调的是顺从和听话。“乖”在大人的词典里应是“顺从大人的指挥，服从大人的命令，大人说什么孩子就做什么，不反对，不驳斥，不提自己的意见和想法”。它的潜台词是强权和压制：“别玩了，乖！”“别那样，乖！”“别闹了，乖！”……这种“乖”的习惯养成后，孩子长大后会变成大人说什么就做什么，老师说什么就做什么，领导说什么就做什么，从不提自己的意见和建议，丧失敏感性、主动性、创造性的没有个性的人。

当然，乖也有灵巧、伶俐、懂事、表现好的意思。但是当你说“乖”时，你的孩子分不清你说的是他“表现好”，还是他“因为听话而表现好”。而“表现好”与“因为听话而表现好”，其中的差异很大。“表现好”是孩子经过自己的努力取得了成绩，孩子是主体。“因为听话而表现好”是孩子听了大人的话，在大人的指导下取得了成绩，这句话的重点在听话上，不是以孩子为主体，忽略了孩子的主动性。

“乖”这个词用得多、用得时间长了，孩子会有意无意地向“乖”靠拢，认为只有听了你的话，他才能表现好，才能取得好成绩。他会用乖、听话来讨好你，如安静地坐着，不吵不闹；大人说怎么做他就怎么做；学会用“我很乖的”评价自己。但如果事情超出了“乖”的范围，不是仅仅靠听大人的话就能取得好成绩时，孩子就会迷茫，就会迷失。

我见过一些“极端的”例子：

一个小朋友3岁去上幼儿园。他一个人坐在小凳子上，从早到晚，从不跟小朋友玩。他的外婆说：“孩子的爸爸妈妈很忙，都在外地挣钱，孩子一直跟着我。我的身体不好，经常生病躺在床上。于是，我整天就叫他坐在小板凳上，不要动。”

一个小朋友，一切都听奶奶的。吃完晚饭，奶奶七点就叫他上床，他也就上床了，不管睡不睡得着。中午他在幼儿园几乎不睡觉，但他绝不吵，就默默地在被子里翻啊、滚啊。但吃饭时，他绝不听别人的。他从不吃菜，你们把菜夹进他的碗里，他就绝食。

……

这些时候，“乖”就变成了傻，“乖”就变成了扼杀。

家长希望孩子听从教导、遵从教导没错，但千万不要把孩子培养成为逆来顺受、言听计从、唯命是从的“乖孩子”。从这一点上讲，我建议不要把孩子教得太乖，不要想着让孩子任何时候都在你规定的轨道之内行事。

言归正传，“说出具体的哪一样”也是帮助孩子正确表达情绪的一个好方法。

18~24个月时，成人就能够和孩子谈论情绪了，关于情绪体验的谈话有助于婴儿更好地理解自己和他人的感受。2~3岁的婴儿已经能用语言简单地表述自己和他人的情绪体验。有研究发现，在情感体验上与父母有更多交流的3岁儿童，进入小学后能够更好地理解他人的情绪，也能更好地解决与朋友的争执。

一次我们到体育公园去玩，桔子玩轮胎秋千。桔子不止玩一个，她站在一个秋千上面，又用腿钩住另一个。轮胎秋千比较难控制，这样她最后就成了一个“大”字形动弹不得。我笑眯眯地上去把她“救”下来。下来后桔子生气地把脚一跺：“你不是我的好妈妈，你是坏蛋！”“哎，我好心救你怎么还变坏蛋了？”“你嘲笑我！”她说。

桔子大概觉得刚才的样子太狼狈了，下来后怕被别人笑话，转而先攻击别人。

当时我没说什么，但是过了两天我跟她讨论了这件事。

我说："遇到什么情况使你生气了，你就说出来，但不能骂人。比如，前天你玩轮胎秋千，你觉得我嘲笑了你，你可以这么说：'干吗嘲笑我，我生气了啊！'但你说：'你不是我的好妈妈，你是坏蛋。'这句话是骂人，而且你骂了我我还不知道为什么被骂，我还继续在笑。这样你就会更生气。"

桔子默默地听着。

我说："你看，刚才你吃饭的时候把鞋倒过来踩着，人歪在一边。我说的是：'把鞋子穿好，坐过来。'虽然我说话的声音也很大，但我说的是你没穿好鞋和没坐好的事，我没有骂你，我没有说：'看你那个样子，一看就是个坏孩子。'如果那样说我就是骂人了，而且你也不知道自己为什么被骂，为什么忽然变成坏孩子了。"

桔子笑了，她说："跃跃那天把我碰倒了，很痛的。以后我就跟他说：'你把我碰痛了，向我道歉。'"

"对呀，"我说，"这样说多好呀，跃跃也知道碰痛你了，下次他会小心的。而不是用骂的方式：'你没长眼睛啊。'那样跃跃虽然碰痛了你应该向你道歉，但是被你骂了他心里也会很难受。"

所以，别看这只是一点点小技巧，却会带来不同的效果。说出具体的事情，而不是漫无边际的哭喊、谩骂、暴怒、踢打、喊叫……

桔子经常能说出自己的感受，我也特别鼓励她说出自己的感受，这样能使我从她的视角更好地去了解她的想法。"你这样说人家心里好难受的。"当她这样说时，我就调整自己的用词用语；当她走到我身边，假模假样、双手合十说："我的心里有一个愿望，我希望有一个温柔、美好的妈妈。"我就会调整自己的表情和声音的大小。

学知识、学本领也是这样。我建议在7岁之前，家长尽量不要用“学习”这个词：做什么，就是做什么，不要笼统地称为“学习”。

学画画，就是学画画；

学跳舞，就是学跳舞；

学搭建机器人，就是搭机器人；

学唱歌表演，就是唱歌表演；

学钢琴，就是学钢琴；

看书，就是看书；

背古诗，就是背古诗；

学拼音，就是学拼音；

学英语，就是学英语；

学写字，就是学写字；

……

还有一些数学思维、观察力的训练，如走迷宫、找不同、排序列、写数字、找一找等，就叫那项活动的具体名称，不要统称为“学习”。否则，当孩子遇到因不喜欢某项活动而跟你说“我不喜欢学习”时，你一定会发蒙。而且孩子因为不喜欢某项活动时，会将“学习”都定义为痛苦的、无趣的。今后你一问他“学”什么时，他都会回答：不要学、不要学。

说到这里，有的家长可能会说，我没有将什么都叫作“学习”啊。那可能是你没注意，特别是大班的家长，要做什么项目之前，都会大叫一声“我们来学习啦”“你的学习时间到啦”之类的，然后才展开具体项目。

我的建议是，上小学之前，都用“玩”这个字：“我们来玩吧！”“我们现在做个（《植物大战僵尸》里面的）仙人掌吧，或者是做个（《怪兽大学》里面的）独眼吧！”“我们现在看书讲故事吧！”“我们现在走个迷宫吧！”……

有时，幼儿园老师也会在课堂中不自觉地用“学习”“做作业”“做功课”之类的词语。我建议这类词语尽量避免。

你也许会问：上小学后一下子接触“学习”，孩子是否能适应？

一方面，上小学后孩子周围的整个环境都变了，进入新环境，运用新词汇，有了新要求，孩子也有了新期待，会自发地努力适应。另一方面，在刚上小学时，老师也会用各种方法使孩子有一个过渡，使他逐步适应“学习”这件事。

不要说幼儿园的小朋友，就是到了小学几年级后，也有同学因为不适应“学习”而厌学、不想上学、不想学习。所以，尽量不要在孩子太小的时候就引入“学习”这个词。因为在中国，“学习”这个词是严肃的，而且意味着“艰苦的，需要勤奋努力的”，所以家长一说到“学习”时，表情不自觉地就会严肃起来，口气也会正式起来，再不是笑眯眯的、和蔼可亲的样子。这给孩子带来的暗示就是痛苦的、不情愿的、可怕的、做不好会受到惩罚的。所以他的内心就会不自觉地升起一种负面情绪，显得不那么愉快、不那么积极，甚至开始抵触了。

情绪与性格养成法四：宠爱与娇惯、放纵与约束如何把握

▼

秋凉了，我给桔子穿裙子时，在她腿上套了一条中筒袜：淡淡的条纹，有一颗红草莓作装饰，她很喜欢。

第二天，我给她换了一双红底白点的中筒袜，还配了一件红上衣。

她一看，说："这双红袜子这么难看！"

我说："你看，和红上衣配着，挺好的。"

她拿起红上衣重重地丢在地上。

我又去拿了一双上面满是草莓装饰的灰色中筒袜来："你看，这双有草莓。"

她说："灰灰的，还全是草莓，太花了。"

那我也没办法了，就说："昨天那双脏了还没洗呢。"

她眼眶里转着泪水决绝地说："那我今天就不去幼儿园了！！！"

我从洗衣机里把那双袜子拿出来（还好不算太脏）给她穿上，她笑眯眯地穿好，高高兴兴地去上幼儿园了。

……

这样的事情你经常碰到吗？我经常碰到。

如果你碰到了会怎样处理呢？是像我这样"屈服"了，还是和他较真儿，把一个好好的早晨弄得鸡飞狗跳，然后让他噘着嘴去上学，一路上还

不忘数落他："这孩子真是任性。"

是放任还是约束？我与许多家长一样，在这件事上非常游移，拿不定主意。

从发展心理学的角度看，2岁以后的孩子会出现第一个生理自主期，觉得什么都能自己做了；3岁时他们会出现叛逆行为，对你塞给他的东西通通说"不"；4岁以后，独立意识明显发展，许多时候他要自己拿主意。这是否说明了他们"任性"地要求穿哪件衣服、哪双袜子正是他们这个时期的心理特点呢？因为他们还没有学会或还不能正确地表达自己，所以相应的行为就以"任性"的方式表现出来了？

让我们再换个角度。孩子生活在幼儿园群体中，虽然不一定完全具备了审美观，但知道穿什么样式的裙子会被小朋友称赞好看，裙子需要怎样的裙摆才能甩起来；梳什么样的发式才能与班里的小朋友合拍，如果梳一个冲天辫会被小朋友们嘲笑像个"小毛头"，很没面子；今天是周几，有没有体育课，是否应该穿裤子，还有穿什么样的鞋才能在奔跑中取得胜利……有些服装、鞋、袜大人看起来很好看，可是很可能因为我们不知道的原因在班里会被嘲笑。桔子那天早晨的坚持可能是因为这双袜子得到了老师、小朋友的一致好评，她的心里美滋滋的，所以第二天一定还要穿着。这些因素，只有我们做家长的从中细细体味才能判断。

我能跟大家分享的只是：孩子的坚持一定有原因，请不要随便说孩子任性，请不要随便施展大人的权威让孩子屈服。

4岁后，家长给孩子的评价中常常会出现"皮""倔""闹"这样的字眼儿。好多家长不知道孩子成长的规律，感觉孩子已经不在自己的控制范围内了，脾气也有了，个性强烈了，"这孩子怎么突然就倔上了呢？"

如果你了解青春期叛逆（第二次叛逆），你就会知道这时孩子的叛逆还只是微缩版。但它同样在向你宣告：我长大了，有了自己的主意，请别总跟着我，请给我时间和空间，请把属于我的权利还给我。与3岁多时被动地说“不”不同，这时他可能会更主动地说：“我要……”“我就要这个……”

以尊重和平等的态度对话，理解并拿出行动支持他，在这个时候特别奏效。关于那双草莓中筒袜，那天放学后桔子主动对我说：“明天我要穿那双红袜子了，还有那件红上衣。”

我说：“好的，草莓袜子洗干净后，后天又能穿了。”

她高兴地点着头。

这件事发生后，我就把她的鞋子在家里的过道上靠墙摆成一排，每天穿好衣服、裙子后，由她自己选——这个权利应该交还给她。不仅如此，她还开始评价起我的穿着。一天，我穿了一条花短裙给她看，还美美地转了一个圈儿，她开心地拍手：“这件好看，像公主。不像你昨天穿了一身黑黑的，很丑！”

薛涌在他的《一岁就上常青藤》中，举了一个女儿与他们分床的例子：……等到她上了学前班，她和父母一起睡这件事情就成了家庭秘密，不能说出去。但是等上了二年级，她自己开始有压力了。因为一些小朋友陆续开始相互串门。她把同学们请来，人家问她卧室在哪里，她只好支支吾吾，结果主动和我们商量买床的事。我们顺水推舟满足她的愿望，给她买了个单人床！她有了自己的卧室，再也不要回来了。这样水到渠成地完成了第一步分离，没有任何转型期的障碍和反复，一切快快乐乐。

这里，我们看到了在宠爱与娇惯下孩子不同的表现。

宠爱的本质是尊重，在这种教育下长大的孩子个性十足。

娇惯的本质是无原则，在这种教育下长大的孩子会迷茫、放纵。

有想法有主意的孩子是有创造力的，坚持不放弃的孩子性格坚韧，有目标，有追求。

桔子上舞蹈兴趣班时，一直有畏难情绪，觉得压腿痛，叫着不学了。我和她爸爸一致认为应该继续上一门“肢体活动”课，所以又和她商量报舞蹈兴趣班。

她也提出了条件：“我要穿上芭蕾舞裙和漂亮的舞蹈鞋，才能忍住压腿的痛。”于是，我为她准备好了这些舞蹈用品，她很喜欢、很兴奋，开开心心地去上课了。

下课回来，她非常高兴地告诉我：“今天舞蹈老师表扬我了，说：‘大家看，桔子的进步很大。’我把腿绷得很直，身子一直弯下去，弯下去，没有冒汗也没有哭，而且不痛了。”

第二次课后，我专门询问了老师。老师说：“嗯，桔子这学期来了进步很大。”老师是当着桔子的面说的，给了她很大的鼓励。

这样，我们可以看到，这不是提条件，不是娇惯，而是双方商量着，想办法达成。如同有些公司老板布置完一项任务后，常常会问：“可以完成吗？有什么问题和困难提出来。”对于继续学舞蹈，孩子并没有说“不”，她只是说“我想穿得美美地去跳舞”。而且她自己用“美滋滋”战胜了压腿和下腰的痛。家长尊重了小孩，小孩挑战了自我，双方都坚持了，只不过借助了一个“工具”。

可见：

娇惯是……有点痛啊，好好好，我们不去了……是无原则、无条件的妥协。

宠爱是……再试试，有这个方法、那个方法……是理解、帮助和支持。

一种性格在发展中会表现出它的两面性。孩子还分不出坚忍不拔与胡搅蛮缠的区别。所以，我们要给孩子时间，将他向好的、我们期望的方面引导，削弱、减少不好的一面，使孩子的性格发展得更为正向、积极。

一次过中秋节，大家都在发微信相互问候，桔子也在问候了老师、朋友、各位叔叔阿姨后，玩起了手机。

她在微信上向姐姐发了许多语音，然后又开始玩那些表情图标，她还设计了一个情节：她先发了两只小兔子，一只小兔子在使劲儿地摇另一只，被摇的那只泪流满面。这表示姐姐在摇她（欺负了她），她哭了。然后她需要找一个一只手在摸头的图标，表示姐姐向她道歉，并安慰了她。

可表情里就是没有她想要的那个表情图标。她急了，说一定有的。我也帮她仔细找，就是没找到。她突然哇哇大哭起来，仿佛是真的被姐姐欺负了，一定要求安慰。她又气又急，给姐姐发了很多“心碎”的图标。

我一边安慰她，一边帮她回想，好像是在QQ的表情上用过。于是我们又登录了手机QQ，可是在表情栏中还是没有找到。但我们发现了另外一项功能：可以自己画。

于是，桔子自己画了脸和表情，又在头上画了一只抚摸的手，并把这个造型保存了下来，发给了姐姐。（现在智能手机的功能十分发达，个性化的功能最终帮我解决了一个难题。赞一个！）

这下，她安静了，心满意足地又给姐姐发了许多爱心。然后她就笑呵呵地听歌玩游戏去了，一点儿也看不到刚才哭闹留下的痕迹。

过了一会儿，她爸爸对她刚才的表现进行了强烈的负面评价。但我并不赞同他这么做。

四五岁的孩子正沉浸在无尽的想象中，她设定了一个故事情节，用表情图标描述了妹妹与姐姐交往中的故事。故事层层递进，当她进入一个心理关口需要得到安慰时，却不能实现（找不到相应图标），于是她被卡住了。这种心理的需求又不能用其他方式得到满足（比如，姐姐真的来到她身边摸摸她的头、安慰她），她沉浸在自己的情绪中。我认为这时大人要做的应该是理解和帮助，而不是否定和训斥：“瞎闹什么，玩个游戏还玩成这样！”

这正是这个年龄段孩子的特征，开始能够并且很喜欢玩假想游戏，用各种各样的替代物代表真实的人和事，然后很投入地进行，像真的一样。这种假想游戏可以很好地帮助孩子创设或复现他们在交往、情绪上遇到的情景，能有效地提升他们的社交能力。

作为女性，我们想想，我们有情绪的时候，也希望老公能温柔体贴地过来安慰、劝解。对于体谅你又会安慰你的老公，你总会赞上一句：善解人意。如果你正哭得动情时，你老公过来不问所以，只来一句：“哭什么哭，什么大不了的事，整天哭哭啼啼，你烦不烦啊，别闹了！”你又会有怎样的反应?

同样，对于孩子，我们为什么不做一个善解人意的家长呢？总觉得孩子的哭就是闹，发脾气就是无理取闹，坚持就是胡搅蛮缠，可是我们有没有想过，我们一声“乖”，孩子就能轻易放弃，那么今后在需要的时候，我们的孩子能坚持、会坚持吗？会依从内心明确的目标和坚定的信念去完成一件事吗？那时我们可能又会抱怨说：这孩子没一点儿常性，遇到一点儿小问题就放弃。你不要忘记，这一切都是你教给他的。

我十分认同薛涌在他的著作《一岁就上常青藤》中阐述的：“孩子要宠但不能惯。所谓宠，就是满足他的一切情感要求，而惯会养成坏习惯。从小得宠的孩子一般都比较聪明，被管教过严的孩子则往往不那么机灵。道理很简单，孩子从小被鼓励和外界沟通，发出自己的意见和声音，智力发展就比较充分，信心也比较足。一张嘴就被呵斥‘闭嘴’，或者被置之不理，则会使孩子丧失和外界沟通的欲望和信心，得到外来刺激也不足。

家长是孩子的第一个沟通者、倾听者，应该有一些牺牲精神，让孩子的沟通欲望得到满足。”

赵宏老师点评

个案咨询中，我了解到很多父母也是学习了很多教育理论和方法的，但是在实际应用的过程中却没有效果。其一是很多父母在遇到孩子有情绪时往往不能把握好自己的情绪，用情绪解决问题自然结果不好。其二是很多父母没有真正理解孩子，实际上孩子内心存在着对很多事物的不理解。这需要父母有与孩子共情的能力，设身处地感受孩子当下的感受。

情绪与性格养成法五：你看到的，便是孩子将要成为的

在本书前文中我提到过一个绘本《小幽灵》。我之所以喜欢这本书，是因为这本书教会了我从另一个角度认识孩子。

开始时，小幽灵是那么不招人喜欢，身上的缺点暴露无遗。那个从山上下来找他的人准确地说出了它的特点，我们会在心里情不自禁地跟着说：对，那就是它。可是，故事的转折发生了，夏洛特说出了她眼中的那个小幽灵：很做会事，还会帮助人。

在这本书中，夏洛特教会了我们：

1.从积极的方面评价、看待孩子。这种正面积极的强化，这种来自别人眼中的“很棒的我”，会为孩子的心灵带来巨大的动力，会成为他今后的努力方向——我一定能成为那个很棒的人。

2.不给孩子贴标签，下定义。比如，不说“他就是不会分享的”“他就是不会和别人一起玩的”……而是创造一个宽松的氛围，在愉快的气氛中让孩子体验分享、友好、有朋友的快乐。

同时，作为父母，我们也需要做到：

1.理解孩子。

孩子在不同年龄阶段，有不同的心理特征。不要强迫孩子跨越自己的心理年龄，也不要因此放弃孩子。

2.创设更适合孩子心灵发展的环境，引导孩子。

没有哪个孩子生来就是自私、不友好的。如果孩子成为这样的人，家庭环境与氛围则起了很大的作用。孩子不应该在我们的抱怨中长大，而应该在我们积极的引导中成长。如果孩子成了那个让我们不满意的人，那我们首先需要冷静思考一下，我们什么地方做得不对，以使我们的孩子在成长中走了弯路。是阳光雨露成就了参天大树，阴暗潮湿的洞穴中只有匍匐扭曲的藤蔓。

《小幽灵》这本书还有一个最大的特点，就是它并没有去“追究”小幽灵的以往，即它为什么会变成这个样子。因此，当孩子身上显现出一些问题时，我们应该更积极地去应对，去帮助他改变，而不是无谓地指责孩子。

第七章

婴幼儿期如何培养孩子的社交能力

多和孩子玩玩角色扮演游戏

让孩子扮演不同的角色，父母配合孩子演戏，能让孩子体验到不同角色的所思所想，促进孩子更好地理解他人，从而在人际交往中取得主动的地位。

很多研究都证明，“角色扮演”游戏能帮助孩子提高共情能力，通过给孩子另一个视角，让他站在别人的位置上考虑问题，进而体会他人的感受。角色可以是真实的，也可以是幻想的。桔子常常通过“变装”来进行“时空穿梭”。

有的家长会问：这种扮演游戏要进行到多大？会不会使孩子沉浸在幻想的世界中走不出来？

在国外，这种游戏不仅在家里进行，还会延伸到课堂上；不仅在幼儿园开展，一直到小学、初中、高中，都有开展。

大女儿卡拉在美国上高中时，历史课上讲到南北战争。考试时老师并不是发试卷让学生们回答南北战争的时间、意义，等等；而是要求每位同学把自己想象成南北战争时期的一个人物，例如，将军、士兵、农场主、黑奴、女仆……然后以这个人物的视角写下战争发生时期7天的日记，记录“自己”在南北战争期间的体验和感受，发表自己的想法和观点。之后，写好的日记装订成册，放在教室的书架上，供大家翻阅。到考试的时候，学生们要朗读自己的日记。此外，老师还让学生们两人一组动手制作那个时代的物品，比如，服装、食品等。

考试那天，教室布置成南北战争时期的样子，学生们穿着那个时代的服装，吃着那个时代的食物，看着那个时代的各种物件，“不同的人物”在台上发表着自己的感受和观点。

这就是“角色游戏”。

所以，我不认为角色游戏是小小孩才有权利玩的。它是一种有效的学习方法，是很好的体验教育和共情教育模式，我们应该好好利用。

在角色扮演游戏中，父母还可以模拟并教给孩子更安全的冲突处理方法：“如果遇到小朋友打你，你就说出自己的感受：‘你打人是不对的。你打我我不高兴了。’如果小朋友再打你，你就抓住他的手，喊老师来帮忙；如果他太强了你打不过，可以推他的肩膀，把他推开赶快跑。如果对方蛮不讲理，你不必跟他纠缠，跑开就行了。”

在角色扮演游戏中，父母也可以模拟马上要到来的弟弟或妹妹（如果你准备生二胎的话），教会孩子怎样与弟弟妹妹相处，教孩子在各种情况下与爸爸妈妈相互配合。

"装扮游戏"中的心理解读

▼

2~6岁，装扮游戏与角色扮演在孩子生活中占了很重要的位置。无论在幼儿园还是在家里，他们都喜欢通过装扮体验不同角色的感受；通过扮演不同的角色，体验不同人物的心情。

生活中的角色——爸爸、妈妈、哥哥、姐姐、弟弟、妹妹都是孩子最常装扮的；"老公、老婆"他们也很热衷。此外，动画片中的人物、动物，他们向往的人物或幻想出来的人物，也在其中。

他们借着爸爸、妈妈、哥哥、姐姐、弟弟、妹妹组成家庭模式，通过不同的角色展示权威或享受家庭中的爱。在这种游戏中，角色的定位与特点是相对固定的，比如，爸爸要威武、勇敢，遇事保护孩子；妈妈则温柔地对待孩子，抚摸他们，安慰他们；哥哥姐姐出游戏的点子，制定游戏规则，然后带着弟弟妹妹玩；弟弟妹妹间有冲突就向哥哥姐姐告状，寻求帮助和公正。

老公、老婆的角色扮演也是他们向往的。老公、老婆一起带着孩子（娃娃）出去玩，老公负责准备各种玩具、食材，负责开车；老婆负责抱着娃娃，照顾小孩。

他们每个人都有自己喜欢的动画片中的人物，例如：白雪公主、灰姑娘、贝儿公主、美人鱼公主、喜羊羊、奥特曼、蜘蛛侠、美国队长、机甲战士等。

他们也喜欢装扮成动物，例如：猫、狗、鼠、丑小鸭、霸王龙、小蝴蝶、小蜜蜂、小猴子、小马、蜘蛛、螃蟹等。

还有许多幻想出来的人物，如小绿人、小怪、罗塔、罗拉、王瑞、海海……他们有的是外星人，有的是数学书上的符号，有的是动画片里的人物……孩子给他们取好名字，想象他们有的是楼上楼下的邻居，有的是从书上走下来的朋友……每个人有固定的形象，有固定的伙伴关系。

有时孩子会告诉你，他的伙伴就站在他身边，和他一起吃饭、看书、睡觉。有时他又会告诉你他就是那个人物，让你和他扮演的那个人物对话、招待他。

总之，这是一个美妙的世界，孩子非常喜欢在其中尽情遨游。只要他一说“现在我们来假扮……”就犹如正面对时空隧道或魔镜一般，他们一下就进去了。

装扮游戏与角色扮演，某种程度上很像心理学上的沙盘游戏，通过人物的设置、行为与交往方式，能折射出孩子的心理状况，对我们更深入地了解孩子、引导孩子或是发现我们自己身上存在的一些问题有很大的帮助。

我是白雪公主，你是老妖婆；

我是经理，你是仆人；

我是美人鱼，你也是美人鱼；

我是美人鱼小公主，你是我姐姐；

我是奥特曼，打怪兽——嘿；

这是我的朋友罗伦生；

……

以上这些是孩子扮演游戏中常见的角色，有对现实生活的模仿，也有对幻想世界的展现。这里我们有三点需要注意：

一是你的孩子是否长期进行某种游戏，比如说一年，甚至更长时间；

二是你的孩子是否总在游戏中设立对立面；三是你的孩子是否总是霸着某个角色，不肯和小朋友交换。

让我们一起来看看以下这几种最常见的角色扮演游戏。

我是白雪公主，你是老妖婆

这个游戏中有对立面，而且美丑悬殊。游戏中，老妖婆要来抓白雪公主，白雪公主要打老妖婆。可能会出乎你的意料，看起来深入人心的动画形象和很平常的模仿游戏，孩子们却很难玩起来。

首先，谁都想当白雪公主，可谁来当老妖婆呢？另一个女生吗？另一个男生吗？通常这个游戏是女生游戏，哪个女生愿意当丑恶的老妖婆呢？男生也不愿意参与这样的游戏来扮演老妖婆。

其次，即使争取到了扮演自己喜爱的白雪公主的机会，可谁又愿意经常面对一个又老又丑、面目狰狞、想害自己的坏蛋呢？即使有人想演老妖婆，另一个扮公主的女生还不一定愿意呢！

最后，如果一个女生总是霸着白雪公主的角色，对另一个女生又踢又打，那另一个女生会愿意吗？

所以，如果孩子想玩白雪公主与老妖婆的游戏，恐怕很难找到伙伴。但这个伙伴在家里有：爸爸、妈妈。孩子会经常要求爸爸、妈妈扮演老妖婆来抓她，她则想尽办法躲藏，或是对老妖婆又踢又打。

这是一个勇敢游戏吗？不，这是一个压力宣泄游戏。她需要老妖婆现身，她需要进行发泄，她需要通过对方的扮丑以及自己的攻击获得宣泄的快感，因为在这样的孩子心中住着一个老妖婆。这样的孩子会经常生气；她会经常骂人“你是老妖婆”；她会经常踢打小朋友，像老妖婆扑向白雪公主一样……那么，是谁把老妖婆“种”进孩子心里的？答案正是孩子的爸爸妈妈或主要看护者。

怎么会这样？

在孩子小的时候，如果爸爸、妈妈像老妖婆一样，经常对着孩子吼叫，批评她、挑剔她、指责她，“捆住”她的手脚不许她做这做那，孩子都会记在心里。爸爸、妈妈是那样高大，责备起她时声音那样响，像打雷一样，发起火来样子也是那样难看。他们的手伸过来紧紧抓住她，摇她、推她，有时还打她。空寂的房间就像阴暗的森林，小小的她是那样孤立无援。当孩子看到《白雪公主》时，她感到盘踞在自己心里的那个阴影就像老妖婆一样，而她正是那个善良无助的白雪公主。于是，在现实生活中，她意象化地反抗，不分对象地进行宣泄，同伴常常莫名其妙地成为“替罪羊”，而她的所作所为却像那个“老妖婆”。

所以，这个游戏反映的是父母与孩子在早期养育中因方法不当引发的压抑和冲突。这样的孩子通常会很执拗，喜欢说“不”，敏感，情绪反复无常，好攻击，妒忌心理重。

是的，白雪公主是孩子们喜欢的动画角色，她们常常会装扮。但绝大部分孩子自己在装扮白雪公主时并不设立对立面，也“舍不得”让好朋友当“老妖婆”。她们通常都是白雪公主；或你是白雪公主，我是小宠物；或再邀请一个男生来当她的王子。

我是经理，你是仆人

这个游戏不是对立游戏，却显现了强权与弱势。

如果家里有保姆，如果妈妈常用强势的口气与保姆说话，指挥保姆做这做那，做不好会埋怨保姆。如果爸爸是领导，而且常用强势的口气与下属说话，指挥下属做这做那，做不好要批评。孩子都看在眼里。领导代表着权威，他有权决定一切，指挥别人去做，别人必须听从。对孩子也一样，父母强势地指挥孩子做这做那，做不好要指责。游戏中孩子久居这个位置，不肯与小朋友交换角色，就有了一定的情绪发泄的意味。这个游戏的本质是缺少尊重，包括父母对他人的尊重、父母对孩子的尊重、孩子对小朋友的尊重。

但是另一种游戏不在此列——队长与士兵。队长带领士兵们冲锋陷阵，身先士卒。“冲啊！”他冲在前面，打得比谁都猛，这是一种勇敢、勇于担责的表现，是一种有领导力的表现。

我是美人鱼，你也是美人鱼

两条小美人鱼在大海里自由自在地游着，她们穿着用贝壳做成的胸衣，摆动着尾巴，相互嬉戏着。有时她们露出海面，坐在礁石上唱歌，一只海星趴在礁石上聆听她们的歌声。多么美妙的游戏！

这样的孩子心中满满是爱。

我是美人鱼小公主，你是我姐姐

这是孩子在寻求保护。我很可爱，很善良，但我会受到外界因素的困扰，我的力量还不足以抵挡。你是我姐姐，你来保护我。

对这样的孩子，父母要多教教她怎样保护自己，并大声、勇敢地说出自己的感受。

扮演妈妈、姐姐、小妹妹、宝宝……

扮演妈妈的孩子心里充满了爱和力量，她要爱孩子，还要有力量保护孩子。她决定了游戏的大方向，是有领头作用的角色。

扮演姐姐的孩子，既要听妈妈的吩咐做事，又要照顾弟弟妹妹，是一个懂执行、会沟通、有爱心的人。

扮演孩子的人，依从性强，总听别人的，也总等着别人来照顾。

扮演最小的妹妹或宝宝的人，内心弱小，她宁愿恢复到小毛头状态，伸手伸脚等着人来照顾，抱着奶瓶说着婴语，不用管外面的人和事。

这种角色设置，有家庭惯性的因素，比如，在家就是姐姐，在家就是小妹妹等，更主要的还是心理因素。在孩子的性格发展中，有些时候他们会出现退行性心理，会期望回到小毛头的婴儿时代，被爸爸妈妈无条件地爱着。这样的孩子，有时他们的内心会自行修复形成心灵的螺旋式成长；有时需要外界对他们进行鼓励、加油，使他们勇于面对现实。

我是奥特曼，我要打怪兽

每个男孩都渴望成为“奥特曼”。打抱不平、逞强除恶、勇于搏杀是男孩的正义感与心理能力的显现，是一种“雄性”本能。“每个男孩都有英雄情结，他们总是同情弱小，希望正义永远战胜邪恶；他们常常幻想自己能够身怀绝技，去与恶势力做斗争，让自己成为人们心目中的英雄。”于是他们喜欢扮演心中认定的英雄——“我是蜘蛛侠，我是奥特曼……”与想象中的怪兽、强盗对打，这是他们实现英雄梦的一种方式。

每个男孩都希望自己变强大，他们依附在英雄身上，借着英雄的武器和服装，嘴里喊着英雄的口号，他们便以为自己幻化成心目中的那个英雄了。

家长不用担忧孩子的暴力倾向，一方面奥特曼、蜘蛛侠诠释了正义、勇敢等积极向上的精神；另一方面玩这个游戏时孩子们通常都是对着假想敌作战（对着空气出拳、舞剑），或叫来朋友，大家一起进攻假想敌。

只有一种情况要引起特别的重视，就是孩子设立了对立面并让其他小朋友来扮演，而且他总是霸着“英雄”的角色。这就与前面的“白雪公主与老妖婆”的道理一样了。

这是我的朋友罗伦生

“他完全是个幻想的人物。他是罗拉的朋友，只有罗拉能看到他。”这就是《查理和罗拉》中的一个人物：罗伦生。他会在查理出去、罗拉自己一个人在家玩时，来陪伴罗拉；他会在罗拉犯错误时，给她出主意；他会在罗拉要外出旅游又内心游移想妈妈时，给她安慰……

他，就是罗拉内心的另一个自己。他，就是孩子内心的另一个自己。

别担心，也别阻止你的孩子有一个或几个幻想中的朋友。这是孩子在婴幼儿时期最大的心理特点，也是想象力正在发展的表现。只要孩子觉得需要，都可以。

唯一需要引起重视的是，孩子只和幻想中的朋友玩，而不结交现实中的朋友。这时，你就需要介入了。

赵宏老师点评

2~6岁的儿童游戏，从独自游戏、平行游戏转向联合游戏和合作游戏。通过在游戏中的互补、互惠、商讨、遵守游戏规则等过程，儿童获得了学习社会交往中的妥协、理解自己和同伴的情绪、接受或提供同伴支持等能力。所以有观点认为假扮游戏掌握得好的学前儿童更易于被同伴接纳。

教孩子懂得发现并认同他人的优点

4岁以后，小朋友的自尊心大大地发展了，他们开始变得对话语的含义十分敏感，认为有些话语是“嘲笑”，有些则带有侮辱性质，比如，“野猫”“死人”“臭”“丑”“大便”“老妖婆”之类。

即使桔子受到攻击，我也从来不允许她骂人。因为在骂别人的时候，我们的心情肯定也是不愉快的，还要搜肠刮肚地想出一些难听的词汇。而且在用难听的话形容别人的时候，我们自己的表情也一定会变得很难看。“恶人”才说“恶话”，教孩子骂人本身是一件“恶”的事。不管对方会说出多么难听的话，我们坚决不说，因为那是在用别人的丑使自己变丑。

有些家长因为自己语言习惯的缘故，让孩子学会了用“骂”的方式讲话。这种讲话方式在中、大班以后会受到小朋友的强烈抵触，使孩子很难交到朋友。这时想要孩子完全改掉这种说话习惯已经比较困难了，甚至会引发一定的家庭冲突。因为以前孩子每天都想着说难听的话，脑子里难听的话可能会多一些，对好听的话甚至会有抵触。

让孩子改掉用骂的方式讲话可以尝试另一种方法，即每天对一位小朋友说一句好听的话。

可以从一位小朋友开始，从最好的朋友开始。妈妈可以问问孩子听到别人对自己说了好听的话以及自己对别人说了好听的话之后的感受，比如，别人有什么反应，自己看了别人的反应后又有什么感觉。第二天增加一个人，第三天再增加一个人……

孩子对朋友说了一句好听的话，孩子也因此会收获好听的话，这种发自内心的快乐比任何说教都有效。然后家长可以与孩子约定，到幼儿园多说好听的话。这样，慢慢地好听的话就会越说越多，难听的话就会越说越少。时间长了，孩子就会养成说好听的话的习惯。

还有一些时候，孩子并不是骂人，但却总是用消极、负面的语言评价身边的小朋友。如一同画好画后，就对朋友说“你画得真难看”；玩具日时，对朋友说“你带来的娃娃（或玩具）真丑”；见到朋友穿了自己很向往却没有的服装，就会说“你的衣服真丑”……习惯用这种评价方式的孩子，会使朋友从他身边迅速离开。

改善这种情况的一个方法是父母每天找一个点赞美孩子；赞美一段时间后，让孩子每天找一个点赞美自己；然后再和孩子玩一个游戏：“看看今天你能不能在朋友身上找到一件值得赞美的事，并说给他听。”

一次，桔子参加幼儿园艺术节的主持人PK。在家准备时，她表演了几个自己拿手的节目，爸爸则给她当陪练。表演中她爸爸故意将她不足的部分进行夸大、突出。桔子看着爸爸的表演笑得东歪西倒，说他这儿不好，那儿难看。于是我让他们先进行自我评价，说自己的表演好的地方在哪里；然后我又让他们说对方好的地方在哪里，该怎样向对方学习。（以往大家惯用的评价法是他有什么不好，我有什么好。）

这是心理学上一个非常重要的方法——发现自己的优势，也看到对方的长处。这个方法对孩子今后参加竞争有很好的心理疏导作用，能使孩子减少嫉妒、减少诋毁式攻击，从而用积极的心态看待别人的长处并主动向对方学习。

寻找心灵相通的好伙伴

有些时候，小朋友们彼此深入交往的过程并不是一帆风顺。

有一段时间，桔子每天放学回来都郁闷地说：“珊珊说我臭，说我丑。”

开始我并没怎么在意，在一天的幼儿园生活中，总有些事会引起小朋友之间的摩擦，只是一两句话而已。而且正因为是好朋友的缘故，桔子对珊珊的话可能也更敏感一些。所以我一直都在开导和鼓励桔子：“看，老师和小朋友都说你很美，我看你也很美。”或鼓励她每天要开开心心的、笑眯眯的，这样才美，生起气来人就不美了，让她别生气。

但被同一个小朋友持续地说“臭”“丑”的情况延续了将近两个月。最后，桔子连去上学都有了畏惧情绪。早上穿衣服时她总是对着一件又一件衣服犹豫不决，进教室时也是很犹疑的表情，似乎有很大的心理压力。这样，我就对这件事开始重视了起来。我与老师讨论了孩子们的表达和情绪状况，并请老师为桔子调换了座位。

很快，桔子就与邻座的小朋友——叶子建立起了新友谊，她的画里也出现了叶子。叶子性格开朗、明事懂礼。这样，桔子的画中就有了自己、珊珊、叶子和宠物（毛毛虫、小兔或霸王龙）的组合，她们在画中的活动更丰富了。而另一个男孩小新性格温和，经常赞美桔子的裙子或头饰很好看，时常令桔子美滋滋的，桔子也开始对他“眼冒爱心”。

有时，桔子在放学时会气哼哼地说："别理朵朵，别理朵朵，她又不跟我玩啦。"然后她会问我："过几天她是不是又会和我和好呀？"

这时，我会对她进行引导："你还有好朋友可怡。"

她说："嗯，乐瑶也跟我很好的。你就当乐瑶吧！"

于是我扮演乐瑶、叶子、可怡等角色，与她对话。

不用数落小朋友的不对、不好，将视线放在更多的小朋友身上，将情绪放在愉快的事情上吧！

中班下（4岁半以后），随着表达能力的提高、同伴结交面的扩大、对同伴精神面的注重以及对男生的关注，桔子不知不觉有了许多朋友：

有了因同情心而相聚的朋友；

有了因性格相投而相聚的朋友；

有了有保护意义和心理安抚意义的朋友，她在班里还继续着妈妈、爸爸、姐姐、妹妹的游戏；

有了来求婚、订婚的朋友；

有了特别喜欢的男生，有了想与之结婚的朋友；

……

一天早上，我们在校门口遇到了旺旺。他一看到桔子就笑眯眯地说："想你了。"我一听很惊奇，旺旺是一个比较内敛的男孩子，上学期我们邀请同学来家里玩时，只有他低着头说："不，不好意思。"然后他一溜烟地跑走了。几个月过去了，他变化很大，现在也会大大方方地表达感情了。

进了校门，我们遇到了另一名男生大海。大海赶紧跑到桔子身边说："你昨天没来。"然后跟桔子拉着手一起换鞋去了。

可见，4岁半以后的孩子，已经会向他人表达自己的情感了。

"没有人和乐瑶做朋友。丽丽也叫我不要和乐瑶玩。我看乐瑶很可怜，我和她做朋友，我们俩站到了门外。后来成成和叶子来向乐瑶道歉了，说对不起乐瑶，我们和你做朋友。后来我们4个人就一起玩了。乐瑶现在很喜欢我，我这么温柔。”

“今天可怡又送给我一个吸吸果冻，是草莓味的，我最喜欢了。可怡说她是小兔，现在我和可怡是最好的朋友了。”桔子最惯常的是装扮小猫，现在终于有一个人愿意和她一起装扮了。

周五玩具日，几个男生约好带了陀螺，他们要进行陀螺大战。女生们则在旁边围观。桔子的“爸爸”当当也在其中“战斗”。桔子不断给她“爸爸”加油：“爸爸加油，爸爸加油！”“我在想，我的爸爸能不能赢呢？后来我爸爸的陀螺战胜了旺旺的，后来把他们全战胜了，我的爸爸真的赢了！”桔子回来后描述道。

“今天，全班的男生都想和我订婚呢！大海问我可不可以和我结婚，我看大海很像王子，就同意了。然后我们画画。我看了成成的画说：‘画得真好。’成成说：‘嗯，你的才好。’我说：‘你的才好。’成成说：‘你的才好。’”

以上这些，都是在中班下学期开学一个多月里发生的事。这一个多月，桔子的友情世界有了很大的发展，翻开了新的篇章。她每天笑眯眯地开开心心地去上幼儿园，她的画中常常有五六个或七八个人手拉手排成一排，有班里的小朋友，有幻想的人物……她向我介绍他们的名字，描绘着他们生动有趣的友谊生活。她画面中的打斗场景已经很少了，黑脸黑身子的人也没有了，太阳、花朵、蛋糕、美丽的裙子、生日聚会、游玩野餐、游戏和礼物成为不变的主题。她也常会感慨地说某个小朋友要是不生气了，不打人了，“我们还是好朋友”。她想象时表情十分甜蜜。

赵宏老师点评

4~6岁以后，儿童的归属感从家庭扩展到同伴，儿童对同伴的依恋显著增加。同伴可以满足儿童归属、爱及尊重的需要。儿童被同伴接纳、受到同伴的赞许和尊重会产生心理满足感，反之则会感到焦虑不安。桔子被姗姗说“丑”“臭”时的表现就是这种反应。作者很智慧地及时给桔子鼓励，更重要的是帮助桔子建立起新的同伴关系，使桔子在新的同伴关系中重新得到了自信与满足感。

随着友情的建立与发展，好朋友常常会成为孩子除父母之外的另一个“重要影响人”。如果这个“重要影响人”是积极的、正向的，那带给孩子的会是自信、乐观和满足。如果这个“重要影响人”是消极的、负向的，那带给孩子的则是疑虑、游移和否定。

在孩子进入社会交往初期，选择一个积极、正向、适宜的好朋友，对孩子的人格发展来说十分重要。因为这是他们的人生“初”体验，这种感受会在他们的人生轨迹上烙下深深的烙印。

但有的时候，这个好朋友的出现也不是以我们的意志为转移的。如果这个“重要影响人”显现出了负向的影响，那我们家长应该及时察觉，并帮助孩子做出一些调整，比如，减少交往频率、通过老师提示对方孩子改变一下交往方式等，也可以像作者这样通过调整座位减少不适的摩擦。建立新的友情、体验积极的情感，我认为是更为积极的方式。让孩子体验到更多的友情可以很好地化解心理负压，让孩子体验到更多的交往方式，也可以增强孩子的心理承受能力。

让孩子懂得玩游戏就是有输有赢

▼

孩子都愿意当赢家，但有赢就有输。帮助孩子学会和其他小朋友轮流做主，遵守游戏规则，不能耍赖；让孩子知道如何处理胜负所带来的情绪，不嫉妒他人，学会赢、学会输，学会输后还可以赢……这些都是父母要为孩子上好的重要的社交课程。

这一点我在桔子的成长过程中感触很深。

3岁以后，桔子会玩“石头剪刀布”的游戏了，应该说她从3岁开始就会玩这个游戏了。她经历了两个阶段：3岁半前搞不清“石头剪刀布”这个游戏的名称与实际出拳时手势的关系，所以她每次都出“布”。为了使她更好地投入游戏，不受游戏名称的干扰，我将“石头剪刀布”改成了“包剪锤”。3岁半后，她又因为无法预知输赢而总是后出手，结果总是要么平手，要么她赢。

有一段时间她很害怕这个游戏，因为她不能通过自己的努力预知输赢的结果，而对方赢后总是大叫“我赢啦”或“你输啦”，搞得她很没面子。而且很多时候她还没看清输赢，游戏对方就收回了手势，宣布了结果。

这个游戏属于两人对立游戏，很少有几个人一起玩的。两人对立时，她总觉得自己那么弱小且孤立无援。面对大人或是做好了准备“气势汹汹”的哥哥姐姐，她完全不知所措，不知道自己该出什么才能赢，完全无法把握结果。这与她以往得到的“做好准备”或“努力争取成功”的经验完全不同。她还体会不了那种完全无法掌控的、瞬间知道谜底、带有“赌博式”的游戏的快感。

而几个人一起玩时，如3个人或4个人，她更看不清谁输了谁赢了，她还没有建立起这样的逻辑关系。

于是在整个3岁期间，玩这个游戏时，不是她后出拳耍赖就是她输了后哭着耍赖。总之，这个游戏玩不久，玩的次数也不多。刚满4岁时，一次在楼下她与一个小姐姐玩“石头剪刀布”。没玩两下，小姐姐就叫着“她还不会玩，她还不会玩”，然后跑开了。她感觉很郁闷。

从4岁起，我开始培养她的“规则意识”，并反复告诉她游戏不是只进行一次，有输就有赢，输了还能赢。

我们一起玩“石头剪刀布”、玩飞行棋、玩“两只小蜜蜂”、玩五子棋，玩比大小、玩走得快（打牌）……特别是玩“两只小蜜蜂”，谁输了就要被对方“扇巴掌”。她很喜欢亲嘴，但很怕“扇巴掌”。于是我们开始时就慢慢地玩，她看清了我出的拳后再出，于是我们两个人不停地亲嘴，她十分开心。这样玩了一段时间后，她开始接受“扇巴掌”，玩之前她总是说：“我先输，你再输啊。”这时，我总是告诉她：“你先赢，我再赢。”她“扇”我时，我总是叫得很响，装出很痛的样子，于是她建议：“我们都小小地‘扇’啊。”于是，“扇”的人只是做一个很小的动作，对方也只是很“甜蜜”地叫两声——“啊……啊……”这个小小的动作和“甜蜜”的叫声给她带来了很多乐趣，她再也没有“输赢”的感觉了，无论亲嘴还是“啊……啊……”她都显得那样的“柔情蜜意”。

于是，连带着“包剪锤”她也可以与我同时出拳了，再也没有以前那样扭扭捏捏、犹豫不决的样子。在快速的游戏中，她真切地体验到输赢的瞬间转换，每个人都有输有赢。如果持续地输，她会好好对我说“你也让我赢一下嘛！”而不是像以往那样哭闹生气了。如果我持续地输，她也会“好心”地让我赢一下。

而玩飞行棋时，我则很注意尽量几个人一起玩，因为生活中还有很多时候并非“非黑即白”“非赢即输”。不要将“竞争”转化为“对立”，不要将赢当作全部结果，也不要将输作为唯一结局——这个意识有关人的一生。

我俩会一起下飞行棋，但更多的时候是和爸爸3个人，或和外公外婆4个人一起玩。每人一颗子儿。这时，有的人早早起飞了，有的人迟迟没能起飞，有些人则在中间。4颗棋子，被“踢回去”的概率也增加了，这样大家有先有后，争先恐后，气氛热烈。除了竞争对手，还有盟军，比如说，都领先的，或都落后的。在一个团体中，每个人都要面对3个对手，这样就改变了两人游戏中“死盯对方”的方式，使眼界更开阔，信息量更大，也使孩子学会了如何判断自己在团队中所处的位置。

一次上完兴趣班，我们与思思、思思的妈妈一起在小广场上玩。思思提议比赛跑步，并制定了游戏规则。她画好一条线，然后指定了终点，还邀请我们两个妈妈参加比赛。于是我们4个人一起站在了起跑线前。思思喊：“预备，跑。”桔子第一个冲了出去，我们3个也都跑了出去。桔子跑步速度很快，她一直领先到了终点线。后面的思思眼看追不上了，就改变了方向，跑到了旁边的另一条线。等我们都冲过终点，思思宣布我们都犯规了，终点是她的那一条线，她赢了。

这个小例子就体现了一种观念：不是第一名就是输。其实除了桔子跑在前面，我们两个妈妈都在思思的一前一后，距离相差不大，思思冲一下还可以赶上前面的人，取得第二名。但因为她不能接受有人比她跑得快，而忽视了我们两个跑在她旁边的人。只能第一，不能第二，这种观念在孩子上学后，将会带给孩子很大的挫折感，这也是我们要特别注意的。

其实第二名也是赢，也是很好的成绩啊。后来我和思思妈妈也专门讨论了这件事。（因为思思比桔子大，很快就要上小学了。）

思思妈妈说：“平时在和小朋友玩时，规则多半都是思思定的，都听她的。但是当她看到自己不能赢时，又会说规则变了，是另一个能支持她赢了的规则。或者她玩的游戏都是她的强项，她处于弱势的游戏她就不玩儿。”

这也是“独生子女时代”给孩子带来的特有的行为状态和意识。家里只有一个孩子，家长陪孩子玩，多数是两人竞争关系；有小朋友来玩，也是两人竞争关系，很难聚集成大的团体。时间久了，孩子就形成了“对立式”的竞争意识，即非赢即输，不存在中间状态，也没有共赢。

所以，平时我很注意在玩游戏时建立多人状态。这种状态下游戏结束时，桔子经常会说：“你赢了，我也赢了，你第一，我第二，爸爸最后。”

我家楼下有一块用于停车的空地，每天放学后，大大小小的孩子都会聚集过来，自由玩耍、奔跑。跑起来的时候会是四五个一群，玩的时候也是三四人一伙。桔子腿劲好，常跟着小学的男生一起跑。玩的时候，那些男生也会来叫她，骑车、溜滑板车、拼积木、扔沙包、用树枝打妖怪，等等。这些群体性活动都可以降低竞争性对抗，减轻紧张感和压力。

哪怕两人相处时，孩子也有不同的游戏方式。他们并不时时都是对立竞争，而是更愿意成为“一伙”。

有一个小姐姐，每次都和桔子玩得比较晚。别的小朋友都回家吃饭去了，只剩她俩时，她并不跟桔子玩对立竞争游戏，而是把桔子拉到她那一边，把她的外公叫来当对立面，玩像“抓抓儿”的追逐游戏或“狐狸捉猫”的反应游戏，她们还把“外公狐狸”捉住，当美味的“晚餐”。

还有一个小哥哥在练习跑步，他经常让桔子陪他跑，他已经上小学三年级了，两人看起来显然不是一个档次的。由于差距过大，连桔子自己也会判断，变得有自知之明了：“我跑不过哥哥的，我不跑。”小哥哥就安慰她：“你别担心，我会让着你的。”于是他们总是愉快地跑了一趟又一趟。

竞争处处存在，但合作更是时时显现。

到4岁半时，桔子对“石头剪刀布”的输赢的敏感度已大大降低，已经达到可正常接受的程度。在幼儿园与小朋友发生意见分歧时、在家与父母发生意见分歧时，她会主动提出用“石头剪刀布”的方式决定最后听谁的，她赢了就按照她的方式进行，她很开心；输了她也能接受按照别人的方式进行。下飞行棋时，她也会主动说：“输了不许哭噢！”

对喜欢的人，她还会主动把“赢”送给人家，就像送了一份心爱的礼物。有时下飞行棋，她会说：“爸爸，我让你赢。”在下的过程中，如果爸爸走得慢了，她会喊：“爸爸，加油！爸爸，加油！”她爸爸也因此显得斗志昂扬。如果真是爸爸赢了，她也会高兴地说：“爸爸赢了，爸爸赢了，爸爸第一名，我第二名。”有时小朋友来我们家玩游戏，为了表示友好，她也会说：“我让你赢啊。”

在竞技游戏中，认同孩子的年龄特点，循序渐进帮助孩子建立起正确的输赢观是我们要做的一项重要功课。但在4岁前不要过多地玩竞技游戏，不要过于强调竞争、对立，不要过于强调凡事一定要赢。即使玩儿也要允许他耍赖、哭闹，多让他赢赢。这时参与和感受才是最重要的。4岁多以后则可以强调遵守规则、公平，有输有赢。因为这个时候孩子那颗“勇敢的心”开始发芽了，开始有勇气直面竞争、直面挑战了。

过了寒假，兴趣班又开始了，桔子和思思也继续在一起玩。“今天我和思思玩得很好，我们玩了一个‘这是什么声音’的游戏。”桔子开心地说。又一次，思思拉着桔子找两个妈妈。她让我们藏起来，她带着桔子一起来找我们。或者她和桔子藏起来，让我们来找她们。这次思思为自己设计了“同一战壕的战友”。因为游戏设计得很和谐，大家都兴致勃勃地玩了很久。所以，孩子的悟性是很高的，只要我们家长察觉到了，并做了有意识的引导，孩子就能很快转变自己的观念，在和谐相处中得到更大的快乐。

正确对待孩子交往过程中的哭闹行为

3岁多的一天，桔子去玩滑滑梯。她带了一个芭比娃娃，所以她选了一个双道滑梯：她滑一道，芭比娃娃滑一道。她推着娃娃，两人一起滑下去，一起到达，十分开心。有时芭比滑下去的时候换了姿势，比如，从坐着变成倒着或趴着，她也赶紧模仿，玩得很高兴。不久，另一位小朋友来了，他看到了桔子和娃娃滑稽的样子，于是便坐在一侧滑梯的尾端不走了，他很想看桔子继续“表演”。可这样一来，桔子的娃娃就滑不下去了。

因为刚玩不久，桔子的玩兴正高，看见有人挡住了她的滑梯，便急得大喊：“你走开，你走开！”见小朋友不动，她上去推搡他。那位小朋友也不还手，也不对打，但就是不走。我赶紧去拉开桔子，说要么你先抱着芭比娃娃滑这边的滑梯，或者你滑一次、芭比娃娃滑一次。可桔子不愿变换玩耍方式，她跺着脚哭叫着，又跑过去推搡那个小朋友。不能如愿时她就哇哇大哭起来。

我在一旁等待她，等她哭得差不多了，就轻轻对她说：“你去和小朋友好好商量一下，问问他可以让你一下吗？”于是她抽抽搭搭地上前一步，弓下身来，对那位小朋友说：“你可以让我一下吗？”那位小朋友很爽快地站起身来说：“可以！”小朋友让开了那一侧的滑梯，桔子也马上破涕为笑，高高兴兴地继续玩了起来。

回家后，我把这件事和外公外婆说了一遍，然后问桔子：“那么，最后事情是怎么解决的呢？”她回答道：“说话。”

“是啊，”我说，“看来还是说话的作用最大！”

从动手推搡转为开口说话，从大声喊叫转为好好商量，我想，这便是孩子处理人际关系的开始吧！

桔子哭闹、推搡时，那位孩子的妈妈并没有出面劝孩子或将孩子拉开，我想她可能是本着尊重孩子的想法，想让孩子自己来判断这个时候是继续坐着还是站起来。于是我也决定不出面为桔子求情说话，让她站着继续哭一会儿，然后再看她怎样解决。

这件事让桔子体会到了“说话沟通”的力量，也让我感受到了：随着孩子的成长，家长应将“贴身式”“老母鸡式”的看护方式转变为“有距离”“有克制”的帮助，从亲自出面代劳转变为引导孩子自己开口，这应当更有助于他们社交能力的发展。

也就是说，我们要懂得引导孩子“说出你的感受”，引导孩子学会倾听别人的感受，学习理解别人，学会相互协商。

电视节目《爸爸去哪儿》中，张亮与儿子天天的沟通方式就特别值得参考。他用换位思考的方式与天天交流了“集体意识与听从召唤”的重要性。他先让天天扮演村长宣布“集合了”，他自己则扮演天天，在床上打滚儿，怎么叫都不搭理。接着，他又扮演了一遍“听从召唤”的天天，“村长”一叫，他就来到了“村长”面前。他问天天哪个样子好，愿意做哪样的孩子。天天通过这样形象的“表演”认为纪律涣散的样子很不好，选择了要做“听从召唤”的孩子。接下来，张亮又让天天表演了一遍“听从召唤”的孩子。张亮一叫，天天就很有精神地来到了张亮面前，站得笔直。父子俩对这个“选择”都很满意。

从小建立强大的心理防御能力

及时闪躲，表达愤怒，对别人的无理要求大声说“不”，如果实在无法处理就去告诉老师，甚至在不造成伤害的前提下“还手”……在冲突中懂得保护自己，这也是一种生存方式。

另一种保护自己的方式是：做到不被其他小朋友的“坏”情绪影响。

有的小朋友平日里喜欢生气，其他小朋友稍不如他意，他就会做出气哼哼的样子，然后说：“我讨厌你，我不跟你玩了。”

这样的小朋友在幼儿园、在兴趣班很常见。桔子有时感到不解，有时感到委屈：“为什么他这样？”

这时，我会和她好好交流：气哼哼的小朋友是什么样子，脸上是什么表情，是什么心情；如果总是气哼哼，人会变成什么样子；习惯气哼哼以后又会怎样……

她的结论就是：总是喜欢气哼哼，人就会变成猪鼻子，动不动就哼哼、哼哼……总是生气人也会变丑……

每当这个时候，她都要对我笑眯眯地望一望，然后说：“你看，笑多美。”

这样她就不会被其他喜欢生气的小朋友困扰，也不会被他们的情绪所带动、影响。有时她还会平心静气地去劝别人：“总这样气哼哼会变猪鼻子的，快别生气了。”随后桔子还会对我说：“她下次见到我时就好啦。”

这也是一种心理防御。

第八章

4～6岁，陪孩子走过心理成长的“断奶期”

4～6岁，孩子心理成长的一次伟大跨越

▼

孩子满4岁后，你应该能察觉到他几乎每天都在发生着明显的变化，他的自理能力、理解力及行动力等都有了很大的提高。我的两个女儿都是这样，4岁一过，她们都迅速地脱掉了“奶气”，完成了从婴儿到幼儿的快速转变。

也就是说，4岁以后，婴幼儿进入了一个各项能力的快速发展期，同时内心的成长也非常惊人。很快，你就会发现他与3岁多时大大不同了。到4岁半左右，他们已经能做这些事情了：

早晨能自己洗漱。

早晚自己能穿、脱衣服和鞋袜。

会自己洗澡。

能自己独立完成洗鞋、洗袜子、洗小内裤的全套流程，包括洗刷、冲干净以及洗好后放到阳台上晾晒。

基本能独立吃完一顿饭。

会经常与你聊天，而且很会聊天。语言中的词汇明显增加了，特别是形容词、连词。

能够按照一天从早到晚的顺序，向你复述他一天内经历的事。

能看篇幅很长的图书，比如《父与子全集》，一次能看1个小时。

认识了一些字，能读简单的绘本书了。

对第二语言的兴趣越来越浓厚，经常想象着说一些“鸟语”，对学讲方言也很感兴趣。

想象力十分发达，有各种奇思妙想。

画画要占不少时间了，有写实的，有想象的。

开始呼朋引伴，有固定的好朋友了，甚至有好几个好朋友了。

知道在游戏中制定规则，并遵守规则，并有了赖皮、耍赖的概念。

知道了有输有赢，可以接受输（但还接受不了老输）。

小伙伴在一起玩耍时，基本不需要大人帮忙了，他们已经有了处理分歧的方法。

男女生的性别意识更强了，开始对颜色、玩具进行性别划分。

有老公、老婆的概念了。

懂得分享了，会说“我想要个弟弟（妹妹），我会照顾他”。

语言的交流较以前多于肢体的交流，意见不合时，口角多于动作。

对别人的评价很敏感，对别人的嘲笑很在意。

有了一定的自我行为控制能力，知道听老师的话，知道要学会管住自己。

有了较好的行动控制力，例如，头敢放入水里，会憋气了。

开始学习自省，开始对自己和他人进行评价。

开始建立是非对错观。

开始能够大声说出自己的感受，向不对的提议说“不”。

开始有处理事情的自信，例如，会说“你不用管了，你不要看我，我会自己解决的”。

开始有独立意识，例如，要自己付钱，要求自己去幼儿园，要自己给姐姐指路，要独自带爸爸去做事情。

……

总而言之，4岁以后，孩童的自主能力增强了，自主意识也大大觉醒了。他们开始注意将自身与他人进行比较，从而对自己进行“社会定位”和自我评价。他们有了自尊、自爱，对自己的关注正逐渐从外在的“我的东西”向内在的“我这个人”发展。

小小孩寻求独立时，家长要注意什么

▼

4岁过后，桔子身上经常出现一种以往从没有出现过的现象：她越来越想自己做主做些事情。

3岁半后，桔子就经常在上学的路上跟我设想、展望她可以自己一个人上幼儿园了。有一次又聊起这个话题，我就说："是呀，你长大以后也可以像姐姐一样离开妈妈去国外读书了。"她爽快地接道："太好了，我可以去找姐姐啦！"她一点儿没有表现出4岁小女生要离开妈妈时"我不要，我不要，我要和妈妈在一起……"这样的撒娇和眷恋。然后我又说："姐姐现在就是一个人在美国，她和朋友们在一起。"她接道："那我去了美国，姐姐的朋友更多了。"

一个双休日，我带她去大商城的儿童游乐区玩，那儿的"沙沙区"她最喜欢了。她进去后，我就在附近的柜台边闲逛，隔几分钟去看看她。这期间，看她玩得很好，我就去稍远点儿的收银台付钱，大概离开了10分钟。因为她平时进去都能玩很久，如果碰上对路的朋友，一个多小时也是有的，而且游乐区的入口都有工作人员看守，不允许小朋友一个人离开，我也就很放心。可是，这次回来时我怎么找也找不到她了，我在游乐区里转了好几圈也没找到她，然后到入口处去找她的鞋子，果然没有了。我又在商场儿童区的柜台间找了几圈，又到附近的大门口找，都没有。无奈之下，我只得回到游乐区入口问看守人员。看守人员很肯定地说："肯定没有孩子出去，都在里面。"这时，我脸都白了，脑袋嗡嗡响。当我正着急时，远远地看到她在儿童商场的柜台间的通道里慢悠悠地走着，好像在匆忙地左右观望，旁边还有一个售货员阿姨陪着。

我连忙跑到她面前。工作人员微笑着向我解释，是孩子要找妈妈了，并要我放心：孩子出来一定都会有工作人员陪同的。可我当时吓得不行了，脸色肯定不好看。

还记得两三岁时，有时放学，幼儿园门外经常有一些散发培训班宣传资料的大哥哥大姐姐，他们一边发放资料向家长推荐，一边也会和小朋友们套近乎："到……来玩吧，我们那儿有许多玩具，可好玩啦。"

可桔子会坚定地回答他们："我有自己的妈妈。"她的意思是：我有自己的妈妈，我不会跟你们走的，你们"骗"不走我。

但是，到了4～5岁的心理转变期，你以前的那个乖宝宝可能会做出你意想不到的事情。

大女儿卡拉，她的第一次独立行动是在小学4年级的暑假。那时她参加了学校的一个动漫兴趣组。有一次，兴趣组组织活动坐火车到上海看动漫展，她和老师约好了在车站某个地方碰面，事先还记了一个同学的妈妈的电话号码。可到了车站时，她就是找不到老师和同学，打电话也联系不上。她打电话回来跟我说，我说你真找不到他们就回来吧，不去了。又过了半个多小时，她打电话回来，说是在火车上找到了老师和同学。原来她一直找不到老师和同学就自己上火车了，然后一节车厢一节车厢地找，最后终于找到了。

等她从上海回来，她爸爸去接她。同学的妈妈感慨地说："你女儿真是'码头'跑得多，胆子大！"

有了这样的例子，后来等她15岁初中毕业去美国读高中时，就一个人推着2个大箱子去了，中途还转了一次机。大家都觉得很正常，只是不停嘱咐让她带好电话。当然，她在路上也得到了热心人的帮助。现在回想起来，真心感叹小孩能干，但当时觉得她已具备了这样的能力，只不过说英语有点儿难，坐飞机的时间长点儿罢了。其实15岁的孩子真的已经挺大了，可以了！

现在，这样的事居然发生在5岁的桔子身上。其实她早已经发出了她的独立宣言。

关于独立，与4岁多的孩子的妈妈们交流时发现这其实是普遍现象：睡觉前选好第二天要穿的衣裤或裙子，配好鞋子才能安心睡觉；洗澡时要自己洗，甚至还要自己洗内裤、袜子；回家能自觉地练琴，不需要妈妈叫；在地铁站被汹涌的人流冲散了，能够站在原地等妈妈，没有哭闹；到朋友家去玩儿，妈妈送到后就让妈妈先回家，一会儿再来接自己，自己要单独与小朋友玩儿，不希望妈妈时刻陪在旁边……而本文开头这个例子，也说明桔子觉得自己具备了这个能力，对儿童商场已经很熟悉了，想自己找妈妈——给妈妈一个惊喜，于是她第一次独自踏上了“探险”旅程。

这就是4岁开始的独立。我们一定要特别注意这个时候的孩子这个小小的“心理变化”。

要提醒的是，孩子对独立的追求，不仅是身体上的独立，更是精神上的独立。

4岁的独立是孩子迈上独立之路的第一阶段，10岁时为独立的第二阶段，14岁后是独立的第三阶段。到了18岁，他就成人了，法律也承认了他的独立。

性别的问题，不要和孩子“躲猫猫”

▼

性别启蒙如何进行

从孩子3岁起建立了性别概念以后，4~6岁时他们的性别意识进一步强化，他们会有意无意地对颜色、服装、玩具、游戏方式进行性别上的区分。

我这里所说的性别意识，并不是自然地、真实地认识两性的不同，而是过早对孩子强调他的隐私部位和可能会受到的伤害，从而形成孩子对异性的羞耻感和心理隔离。就像我们上了中学，课桌上忽然间就画上了“三八线”，你不明白为什么，却一定要遵守。

之前，我在网上看过一篇文章《男生拿大卫图给女孩看，女孩见了爸爸都不好意思》。大意是班上的图书角里有本《十万个为什么》，里面有裸体雕像“大卫”的图片。一个男生发现后经常会将书翻到那一页让女同桌看，11岁的女同桌由于害羞，不好意思告诉老师只好回家跟妈妈说。原本活泼开朗的女孩回家后见了爸爸都会觉得不好意思，也不太和爸爸说话了。女孩的父母面对这种状况也犯了难，担心女儿被误导，却不知道该怎么办。

文章中介绍说，女孩的妈妈从女儿两三岁起，就不断提醒女儿男孩和女孩的不同，女孩要穿裙子，不能和爸爸洗澡，穿内裤的地方不能让男孩摸……

在这个例子中，女孩家长的做法失败在只有告诉没有引导，即没有引导孩子自然地看待两性的不同并帮助孩子养成自我保护的能力，而只是告诉孩子可能受到的伤害。这就好比孙悟空给唐僧画了一个圈儿，唐僧只能在圈里闭眼念经，睁开眼看到圈外有妖怪就会被吓晕过去，更不要说跳出圈外与妖精打斗，因为他没有那个能力。不合适的性教育很容易引发孩子对异性的羞耻感，从而造成孩子面对一些突发情况时会心理失常。

文章中的爸爸“很想从艺术和科学的角度引导孩子，但又不知道怎么做”。羞耻感建立后，自然的交谈也会变得异常艰难。

我们从小就要教育孩子自然、坦诚地看待人的身体，包括自己的、异性的，自然地看待它的构成。如果我们大人也不能正视这个问题，我们就会把这种意识带给孩子，将这种思想强加到孩子身上，强加到孩子思想里。

在我的课题教材中有一个讲家庭的章节，讲了家庭，讲了结婚，讲了生孩子。有的地方的老师就向我反馈：“这很难讲，里面有‘怀孕’‘性别’‘乳汁’等这些词汇，不知如何开口。”但我也看到一些例子：大班时，老师在班级里为两个小朋友举行了婚礼，成立了家庭。我想，这就是教育理念的不同。如果连孩子有切身体验的妈妈的怀抱都不能讲，那还有什么能讲？在孩子的眼中，妈妈的怀抱是最纯洁的，难以开口是因为大人的内心不纯洁了。

自然地和孩子谈性

2013年10月，波士顿举办电影节，李安在哈佛大学举办讲座。作为电影专业的学生，大女儿卡拉与同学们排了7个小时的队，终于获得了入场的机会。看到她在微信上发来的现场照片，我很激动，打电话过去和她聊起了这场讲座。卡拉说这是一个关于《色·戒》的专场。

《色·戒》这部电影当时在国内引起较大争议，对它的某些镜头，国内有大幅删剪。于是我问：“你们看的是原版啊？”卡拉很坦然地回答：

“是原版呀！不然呢？”

确实！不然呢？我只好尴尬地接道：“那里面的某些镜头比较变态扭曲。”（我想问会不会对她产生不良刺激。）

她说：“是啊，那是一部战争片，反映的就是在特殊的战时环境下人性的扭曲，所以才会有扭曲的表现。”

……

然后她描述了李安的率真、可爱、坦诚、自然……她说他是用率真而坦诚的眼光去看世界，去表现世界的。

这，就是成熟的心态，坦诚、自然。用这种眼光看“大卫”，应该不会被吓住。

上托班后（2岁多），孩子开始有了性意识。这时男女同学共用一个卫生间，于是大家可以看到，女生是坐在马桶上“撒浠浠”的，而男生是站着“撒浠浠”的，而且他们长了一个“洒水壶”。

这段时间，路上遇到有小男孩站在路边“撒浠浠”，我会停下来让桔子观看，“从他们的洒水壶里喷出了水，在浇小草。”有时在家，她发现爸爸在“撒浠浠”，她也会走过去站在爸爸背后喊“嘘嘘”。这时她理解的男生与女生的区别仅此而已。

小班的时候，桔子画的女生都有长长的眼睫毛，有时还涂口红，这是男女生的重要区别。

3岁半以后，渐渐地，她外出时就不愿随地小便了，开始忍耐，有了“羞羞”感，有时为了回家小便会因为着急“漏”在电梯里。

快4岁的时候，桔子画的女生都有了好看的发型，扎上了蝴蝶结，而男生都是3根毛竖在头上。这时她对颜色也开始有了偏好，我们在网上选东西时，她都会说：“粉色、粉色，我最喜欢的是粉色。我喜欢粉色，有梦游一般的甜蜜蜜的味道。”

这时她也开始抱玩偶了，把各种各样的玩偶当成自己的孩子，有时还抱着它们一起睡觉。

4岁左右，桔子开始注意自己的着装打扮，对衣服裙子的搭配，对发型的要求，对粉色或暖色系的喜好，还有对纱纱裙的向往，都表明她的性别意识正在形成。

过了4岁，她画的女生又有了变化。她们穿上了长长的甚至拖地的裙子。这时她有了公主和王子的概念，画的公主都穿着拖地长裙，戴着皇冠，还有项链和手环；王子高高的，也戴着皇冠，伸出手来请公主跳舞。

“我是从哪里来的”

关于“我是从哪里来的”这个话题，在我家从来没有遭遇过尴尬：她知道孩子是妈妈生出来的。

桔子出生后，我就把我的大肚照贴在墙上。3个月后，我给她看图片，也看这些照片，我跟她讲：“你看，你以前是住在妈妈肚子里的。后来你长大了，肚子里住不下了，你就使劲儿踢妈妈的肚子。妈妈知道你想出来了，到医院请医生阿姨把你从我肚子里拿了出来。然后我们就见面了。”

她经常看我肚子上的刀疤，想象着她就是从这里出来的。有时她会说：“我想钻回去。”

她也知道女生会生孩子。她会把娃娃或玩偶塞进衣服里，扮演“妈妈的肚子大了，然后生出了宝宝”。

4岁时，她画了两幅画：妈妈肚子大了，里面住着宝宝（见上页图）；然后宝宝生出来了。这两幅画十分经典。画面里的宝宝并不是从她平时看到的肚子上的刀疤的位置生出来的，而是从下面生出来的，犹如科教片一样。

开始看到这两幅画我也感到奇怪，不知是无心插柳，还是直觉反应使她将生孩子画成这样。后来我回想起来，桔子在2岁时看动画片《鼹鼠与兔子》，那里面就有整个生产过程的真实展现。可能她在那时就留下深深的印象了吧。

中班开学没多久，老师讲了《小威向前冲》。桔子回来后描述道：“我以前是一颗小小的种子，住在你的肚子里。后来小威来了，他的大名叫精子，他和我成了好朋友，我们俩手拉手。后来我就长成了一个小孩。”

我从未刻意地或严肃地跟她讲过什么是性别，不同性别的小朋友分别要用什么颜色的东西，能玩什么玩具、不能玩什么玩具。我认为对性别的认知应该是在体验中完成的。

性别是自然而真实的。我们可以如实、清晰地回答宝宝的性问题，这样孩子就不会觉得个别身体部件是不能谈论的，从而也愿意了解、接受自己的身体。对于宝宝要看一看、摸一摸的要求，我们也可以尽量满足，并耐心向宝宝讲解。如果宝宝的这种好奇心没有得到满足，他只会越发好奇，他的兴趣可能会停滞在这方面很难转移。如果我们能用坦然的态度，科学地为他讲解，他也就不会一直纠结于这些问题了。

随着他们长大，到了大班或小学一年级后，男女生都开始了对自己身体的保护。这时身体已成了他们的隐私。他们有了羞怯感。这时他们才进入了性别的有意分辨时期。此前，是无意分辨时期。

这时他们开始有了老公、老婆，结婚、家庭的意识，也有了“男女朋友必须是我喜欢他，他也喜欢我”“结婚必须是一男一女两个人，两个人要相互喜欢""两个人只能喜欢对方，不能再喜欢他人"这些概念。

儿童的同伴关系状况是一个重要信号，它提醒我们应更多地关心那些同伴关系不良的儿童，积极促进幼儿同伴关系健康、和谐地发展，为幼儿进入学校开始集体生活做好准备。10岁后，这种有意分辨将发展为对异性的关注，这时，青春期——第二发育期即将开始。

别在颜色、玩具上做过度的性别区分

性别色彩可以有，但不应是成人强加的：你是女孩，你只能用粉红色的，或过于强调只有粉红色才适合女生，这是不对的。其实，粉色只是大人觉得孩子这样打扮很可爱，是大人的选择，而不是孩子自己的选择。1914年，美国报纸*The Sunday Sentinel*曾建议妈妈们"给男孩用粉色，给女孩用蓝色"。而现今，在大环境的引导下，女孩的一切都是粉色的，男孩的一切都是蓝色的。

对于小女生，粉色更多地代表着温暖、平和、浪漫、惹人爱怜，但是也有怯懦、退缩的隐意。从小就给孩子灌输过强的性别色彩，会无形中阻碍孩子对色彩的探求和感知。只能在规定的色彩中选择，会限制孩子的性格与个性的形成与自然发展。色彩是丰富的，孩子的装扮、环境色彩也应该是丰富的，孩子有感受不同色彩的权利。

玩具与游戏也一样。小朋友在一起，会被彼此的特征吸引。有男生在打来打去，女生也会加入其中参与"肢体斗争"；女生喜欢过家家、化妆，男生也会参与进来——当爸爸、哥哥，帮着女生化妆。性别并没有那么绝对，参与进来也体现着对他人的关注，共同体验其中的乐趣。比如，男生玩化妆游戏，他自己虽然不化妆，但他会关注妈妈化妆，帮着妈妈化妆，这也体现了孩子对妈妈的关注、体贴和爱，想关心妈妈，帮妈妈做事。

我接触过家里有小姐姐的男生，他们也很喜欢抱娃娃，会给小伙伴梳头、化妆。但他们要拿枪的时候照样拿枪，要舞拳的时候照样舞拳，并没有因此就显得女性化了。

如果他一来到你身边，你就喊“女生的事不要你管”。“这是女生的事，男生做羞羞。”这可能会导致这样的结果：他今后与女生相处时，认为有些事与己无关，不需要男人帮忙，甚至可能会加重他的羞耻感，致使他在与同伴交往中产生心理障碍。在这一点上，男生在玩耍与行为模式上受到的约束比女生要大许多。

一次，我与桔子讨论“女生发到蓝色的盘子就羞羞”的问题。我说：“我不同意女生只能用粉红色的东西，用别的颜色就羞羞。你看我们的书架上，有好多书的封面是蓝色的，难道看这些书时就羞羞吗？你房间的书桌和墙壁是蓝色的，你住在里面就羞羞吗？你的灰姑娘的纱纱裙是蓝色的，羞羞吗？连爱莎女王的长裙也是蓝色的，难道她穿上就不是女生、不是女王了吗？你的蝴蝶结翅膀也是蓝色的，戴上就羞羞了吗？……除了粉红色，女生的世界就没有其他色彩了吗，就都羞羞吗？”

她接道：“就像彩虹的颜色有7种，红橙黄绿青蓝紫，那样才美。”

我说：“是啊，你看你的画里有各种颜色，书架上更是五彩缤纷，我们生活的世界也是五彩缤纷的。”

她接道：“要不然就像《阿莫的黑白世界》一样，只有两种颜色了。”

然后我们还一起讨论了女生玩弓箭（她有一次在楼下与男生一起玩仿真弓箭时，被一位男生说“从来没见过女生玩弓箭”）和打仗游戏的问题。

总之，虽然幼儿在很小的时候就会表现出性别意识，但在教育实践中，父母和老师应尽量淡化性别的刻板印象；在组织活动和选择玩具时，应给幼儿更多自由选择的机会。幼儿期正是身体、认知成长的重要时期，成人应该给他们的发展提供更多的机会而不是约束。

男性和女性在心理上的共性远远大于其差异性。

关注孩子对于"亲情"的理解

▼

宝宝到2岁时，就会自发地表达情感，向家人表达爱意。3岁以后，宝宝会说："妈妈辛苦了，我帮你收衣服，我来扫地。"

在4岁的生日晚餐上，桔子唱了一首《最亲爱的妈妈》："是谁悄悄地藏起来啦？一起来躲猫猫。在哪里？在哪里？哈哈哈，最亲爱的妈妈找到啦。她松开捂住自己眼睛的手，献给妈妈一个香香吻。"

4岁后，孩子很明显地会表现出对爱的分享的意愿。这时，孩子很想养小动物，养宠物；孩子会要妈妈生小弟弟、小妹妹，孩子（表示）会帮妈妈给他喂奶，给他换尿布……

想把自己的爱分享给别人，体验更多的亲情，是这个时期孩子的一大特点。他们已经愿意分享，懂得分享，能体验到分享中的乐趣和愉快。这里的分享不仅是物质的分享，还有情感的分享。

女孩子一般从3岁多以后开始喜欢抱娃娃。她们让妈妈买来娃娃，然后玩各种照顾娃娃的游戏，或在电脑上玩照顾娃娃的电子游戏。

4岁后，桔子爱上了在电脑上玩乐高嘉年华小游戏。她很喜欢这款游戏，玩了有几个月之久。这天，她找到了一个新界面——情景绘画，点选喜欢的背景，在上面画上图案，还有乐高的积木、人偶、用品可以用于布置、摆设。

不一会儿，她叫我来看："你看，这是你，这是你生的弟弟。现在你带着弟弟去上幼儿园。弟弟手上还拿着一个漂亮的箱子。”

我们从未与她讨论过生弟弟妹妹的事，现在她突然让我“生”了个弟弟，让我有点儿措手不及。她讲述的时候很高兴，表情很愉悦。

等我看清楚了，她把这幅图换掉，又画了一幅她带着弟弟和宠物小兔子的图。她们一起在草地上，画面上还有蓝天、白云、小蜜蜂。她一只手拿着苹果喂弟弟，一只手拿着胡萝卜喂小兔。她说：“你看，我正在喂他们。”她是那样的开心，而且还很有姐姐的样子，细心地照顾着弟弟。

后来，她爸爸带她去了一次“嘟嘟城”。这是一个职业体验乐园，有各种工作岗位的装扮体验。她装扮了小护士，老师教了她怎样抱婴儿、给婴儿按摩、给婴儿喂奶。这次体验把她的爱心彻底激发出来了，比以往更明朗化了。因为以前我家虽然有许多布玩偶，却没有娃娃。回来后她向我明确提出要抱娃娃，给娃娃喂奶，给娃娃坐小推车，带娃娃出去玩。有几次她还画了她带着弟弟玩儿的情景。后来我家就有了好几种娃娃，喝奶瓶的、带尿布的，也有大一些的娃娃。

有时聊天我问她：“如果弟弟闹了，我要去抱他，来不及管你了，你会不会哭啊？”桔子答道：“那我给他喂奶，我和你一起照顾他。”其实小孩的博爱之心远远超出大人的想象。

还记得有一次在楼下和小朋友玩，一个小毛头被爷爷奶奶抱着在一旁看周围的小哥哥小姐姐们奔跑。有时，这些小孩会围到小毛头身边去看小毛头，还纷纷议论着。桔子大概是说了小毛头好可爱啊，也想要一个小妹妹之类的话，然后那个爷爷马上接道：“现在你妈妈喜欢你，等你妈妈再生一个就不喜欢你啦！”

真不知为什么现在的大人一说生二胎，立即就会用一种酸溜溜的、刻薄的、忌妒的心态和语气说话。其实孩子的心里想的是：“我有更多的爱了，我的爱可以分享了。”

以前没听说过父母生小孩要经过大孩子同意的事，现在真有大孩子死活不同意，妈妈怀胎几个月了还去打掉的事。其实，这种狭隘一定是大人有意无意间灌输给孩子的。什么父母的爱没了，什么有人来跟他争财产了……其实再多的钱财都比不上亲情的可贵。如果孩子的心里连亲情都容不下，还能容下什么？这样的孩子进入社会后，怎样与人相处？

不管是对宠物、小侄女，还是对想象中的弟弟，桔子的这种集中的、强烈的情感表达，都说明她的情感正在发展，已经有了与他人分享爱的意愿，并有了照顾他人、对他人奉献爱心的群体共同感。这也说明孩子是天生就有爱的能力的：爱父母、爱自己、爱兄弟姐妹、爱朋友……

生桔子之前，我们先征求了卡拉姐的意见，当时她爽快地说："好啊。"

我老公家是一个大家庭，有兄弟姐妹六个人，兄弟姐妹的孩子加起来也是六个人。这样全家加起来共有二十多口人，其乐融融。我老公家隔几年就会团聚一次，全体到齐，小孩们从小就有兄弟姐妹的概念，对兄弟姐妹的情谊十分珍惜。卡拉去美国后不久，我怀孕了。我告诉她这个消息后，她还发了篇博客，表达了她狂喜的心情：我就要有弟弟、妹妹啦，哈哈哈……桔子慢慢长大后，也对自己的姐姐推崇备至，为有这样的姐姐感到自豪，只要姐姐回来，她就紧紧跟着她寸步不离。她不仅经常和同学说"我有姐姐，我有一个大姐姐"，而且还经常在看电影时要将字幕看完，将主题曲听完，并且边看边问："卡拉出来了吗？这个音乐是不是我姐姐写的？"

桔子4岁时我带她回老家，二姐的儿子已经有了孩子，因此那里有了她的小侄女——1岁4个月的涵涵。在那里，桔子真实地体验到了有了"更小的妹妹"的感受，也经历了心灵的另一种成长。

回去前，我们一直跟她说"你的小侄女""你的小侄女"……可是她根本不能理解什么叫"小侄女"，这是个什么"物体"……直到见了面，她才发现这是一个“小妹妹”。

刚见面，桔子就表现出了友爱、大度、友好的状态，给小侄女讲故事书，玩玩具给小侄女看，逗她玩，吃薯片时都想着要递给小侄女。

可是很快，她与小侄女的争夺战开始了：我抱着小侄女时，她也要挤过来一起抱，一起摇；小侄女做的动作她都要学一遍；小侄女玩的东西她都要抢过来玩一下。尤其是当小侄女坐上婴儿椅吃饭时，桔子更是爆发了：“我也是小毛头，她抢了我的椅子！！！哇哇哇……”直到她如愿坐上了婴儿椅——几乎都塞不进去了，坐进去后也得把两条腿长长地伸出来。

这时，在画中她也故意把小侄女画丑，画小侄女伸着舌头做怪相，或者画个气球把小侄女装在里面。

她也会认真地装扮成小毛头：躺在沙发上，举着奶瓶，两只长腿一蹬一蹬的。她还提出要求要回到肚子里，“我还是小毛头，我两岁、我一岁，我再长就可以回妈妈的肚子里了。”

我也和她认真地讨论了回到肚子里的事：“在肚子里就只能整天傻呵呵地待着，不能看图画书，不能玩‘小猫猫图卡’（iPad），不能画画或在地上跳。这些事情都不能在肚子里做，因为肚子里的空间实在太小了，有谁见过从肚子里伸出两只手举着iPad在看的小毛头呢。”我们一起讨论的时候，她笑得在床上直打滚，对这个结论也表示认同，在温暖的怀抱与欢乐的自由之间，她选择了自由。后来她再也没提过这事了。

慢慢地，随着与小侄女的相处，她开始接受小侄女了，她的画中出现了与小侄女的相处，开始时是她在前面远远地跑着，小侄女在后面跟着。后来她滑滑板车时带着小侄女，两人一起疯狂地玩耍。再后来她还画了自己带着小侄女上街买气球，她照顾她、保护她。

画中的内容虽然在生活中不能完全实现，但看得出，她已经从内心完全接受了小侄女。

关注孩子"同情与共情能力"的培养

4岁以后，孩子的同情心与共情能力开始发展了。

这天桔子上表演课时不怎么专心，手上拿着一本书，经常低头看书，于是老师叫她上去。老师刚才教的内容是上台以后要保持微笑，目视前方。桔子好像没有站直，老师就把她拉到墙根，让她练习贴墙站。其间一个小男生几次回过头来看桔子，他没有说话，而是伸出他的胳膊用力弯曲做有力状，并且目光坚定，他的意思是"加油"。这是一个4岁孩子的同情心的表现。

桔子班上有一个小朋友叫小宇，他有感统失调症，上课期间经常会站起来喊叫、走动，有时也会躺在地上打自己。但老师们对小宇投入了极大的耐心与爱心，也告诉小朋友们要爱护和帮助小宇。桔子常常说："老师很喜欢小宇，我也很喜欢小宇。"她会和小宇一起玩，小宇也会搬着板凳坐到她身边来和她说话。桔子常常学着老师的样子对小宇说："小宇乖，小宇不哭，小宇不打自己。"她还会在老师的安排下照顾小宇，给小宇喂饭，中午睡觉时给小宇盖被子。小宇好像很听她的话。

她画画有时也会画到小宇：她和小宇一起去春游，她放风筝，小宇吹泡泡，他们带了许多好吃的一起分享；草地上有小老鼠来捣乱，小宇过来帮着一起打；小宇还给她看好看的动画片。

桔子能够体贴、照顾需要帮助的小朋友，而且从内心接受对方，这是共情能力的一种表现。再如，桔子很在意别人的“嘲笑”，我借此告诉她不要“嘲笑”别的小朋友，她表示认同，还常常设想别的小朋友被嘲笑时会怎么想，会有什么反应。

有一次发生的一件事连我都很感动。

这天珊珊拿了小贴纸到幼儿园来分享，在走廊里遇到桔子，她就先给了桔子一叠维尼小熊的贴纸，然后她又翻翻，发现后面还有一叠图案大的而且都是迪士尼公主的贴纸。她问桔子：“你要不要换公主的？”桔子摇摇头。之后，珊珊去给别的小朋友发贴纸了。我问桔子为什么不换那叠公主的，桔子说：“珊珊最喜欢扮公主了，我要把那叠公主的留给珊珊……”

这种同情与共情能力的发展，使孩童之间的友谊更为深入、持久了。

“爱情”来临？让孩子大胆去爱

4岁以后，孩子已经建立了性别意识，分清了男女，注意到家庭是由一个男生和一个女生组成的，于是他们也开始寻求与自己手拉手的那个人。

4岁前，他们还不明白某些词汇的特殊意义。比如，一次幼儿园过节时，桔子和另一个女生装扮得十分相似，老师安排她们一同上台。

回来后她说：“我和叶子都戴着牛角，我们是一对，我们在台上结婚了。”可见，她对“男朋友”“女朋友”“老公”“老婆”这些称谓，还没形成特别明确的概念，尽管她在班里有一个大家庭，有哥哥姐姐，有老公老婆。

在生活中她认为“老公”这个词指的是有点儿年纪、有点儿老的男人，于是她有时也会把自己的外公、大姑父叫成“老公”。

4岁后，她渐渐对结婚有了概念，知道了结婚是要“嫁给男生”。这时班里的小朋友经常去做小花童，穿着礼服，捧着花球，走在新郎新娘后面。看着这些照片时，她很是羡慕。

一次我给她念《老鼠嫁女》。她低着头羞涩地对我说：“等我长大了，我也要嫁人了。”

我笑着问她：“那你嫁给谁呀？”

她说："我的老公。"

我说："那你有老公了吗？还没有吧，我们还得像老鼠爸爸妈妈那样去找吧。"

谁知她把头低得更低了，轻声说："我有老公，杨老师（她的大姑父）。"

围绕这件事情，我们还有好几次对话：

她说："我要是想妈妈了，就趁我老公不在的时候偷偷跑回家。"

我说："不用偷偷跑回家，你可以和老公一起回来看妈妈呀。"

她说："我老公要是不肯跟我回来，我就拉着他，或者我就举着他。"

我说："你现在才4岁，还有半辈子才能出嫁。"

她说："被子吗？变被子吗？"

我说："是你还需要长半个被子那么长。"

……

一次，在去看外公外婆的路上，桔子又说起她要结婚了，结了婚以后她就要住到新家去了，我们相互见不到了。

我说："那我可是会想你的。"

她说："如果你舍不得我，我就不结婚了。"

我说："那你可以回来看我呀，我也可以去看你，就像现在我去看我的爸爸妈妈一样。"

她高兴地说："好的，那我和你住得近一点儿。"

4岁半后孩子会更经常地说起结婚这个话题。这时桔子的爸爸经常被她"求婚"。

看到有新娘子，桔子就会问我："我什么时候结婚？"

我说："你有喜欢的男生吗？你有男朋友吗？"

她想了想说："有，爸爸！"

我说："那你去和爸爸商量一下你们什么时候结婚。"

她说："爸爸说我刚生下来的时候就已经和他结过婚了。"

听到小区里的鞭炮声，她会问："妈妈，你和爸爸结过婚吗？"

我说："当然结过。"

她说："那我在你肚子里怎么没听到鞭炮响？"

那段时间，她关于结婚的话题特别多，例如：

今天我戴着米老鼠头纱去幼儿园，吉米过来问可不可以和我结婚。

今天我和当当玩。我只和当当玩。我太喜欢当当了，我看着当当眼睛都看不过来了。我是丘比特，我射中了他的心，我爱上了当当。

大海来问我可不可以和我订婚。我看大海越来越像王子了，我也喜欢他了，我同意了。

今天没人和我结婚了，只剩成成了。

今天大家都要和我订婚！

……

中班（下）学期，男生会经常向女生表达订婚、结婚的意愿，女生也会表达自己喜欢哪个男生，"看到他眼睛里都冒出爱心了"。有时男女生还会有亲昵动作。

中班（上）学期快结束时，一天早上碰到小新的妈妈，她开口就说："然然这几天天天抱着我家小新，经常抱很久很久，还亲他。"

一个活动日，我又看到然然与大海紧紧抱着，头抵着头，说着悄悄话，然后两个人相互亲着脸。在班里，安安经常使出吃奶的力气把他喜欢的女生抱起来，抱到她的座位上……5岁左右的孩子，他们进入了第一次恋爱高峰期。

融入生活学会爱，明天的懂事从今天学起

▼

孩子天生具有主动性，他们很小时就认为自己能干一些事情，总是跟在妈妈身后叫着："我要盛饭，我要打鸡蛋，我要洗盘子，我要打扫屋子，我要捡菜叶、削果皮……"而很多妈妈永远只会回答："宝贝，你太小了，去玩吧，去看电视吧……"

孩子面对大千世界，常常感到力不从心，但他们仍有勇气进行各种尝试，积极地探寻各种活动，想让自己融入这个世界。但父母往往无意之中为他们设置了许多障碍，而不是理解他们、帮助他们。

父母这样做的根本原因，是不相信他们的能力，认为他们只有在某个年龄段才能做某些事情。

"不要动，你会打碎的。""你怎么把房间搞得乱七八糟的！""你怎么把衣服穿反了！"……大人的每句话，都好像在暗示孩子是多么无能！长此以往，孩子就会慢慢失去信心，失去自己努力去探索、去追求、去锻炼的自觉性，忘记了只有通过各种锻炼和闯荡才能使自己成为一个独立、有用的人。使孩子失去自信、怀疑自己的能力，打击他们的进取心，这种消极的导向可能会影响孩子一辈子。

"家庭被看成一种互相支持的系统和一个解决问题的团体。通过长期承担一定量的家务活，孩子能渐渐体会到一种被别人需要的感觉。"心理学家在长期的追踪研究后，得出了这样的结论。孩子的独立和对爱的双向

体验也是在自理和对家庭生活的参与中建立起来的。

小班开家长会时，老师就向家长们强调习惯的培养和建立，现在回想起来十分正确。其实这还可以更早，从2岁多就可以开始了。

两三岁时，桔子最爱做的事就是跟我一起劳动，包括扫地、洗米、打蛋、削黄瓜……

桔子3岁以后，我辞掉了保姆，一是因为桔子上幼儿园了，家里的事少了；二是我觉得她长大了，应该参与到日常生活中来了。

我会与她一起去菜市场，看游动的虾和鱼，看甲鱼，看鸡看肉看她爱吃的大骨头，看小白兔爱吃的胡萝卜，然后讨论买什么，怎么做……

回到家我们会一起动手做饭。桔子负责洗米、打蛋、削皮……这些都是孩子力所能及的，还有放盐放调料、站在小板凳上看炒菜。饭菜上桌了，讨论一下哪个最好吃，哪个是宝宝帮忙做的，会让她很有感触。要洗衣服时，可以让她向洗衣机里加洗衣粉，调节洗衣机的水位。

她的球鞋或小皮鞋也可以让她自己洗，用小牙刷刷，洗好后放在阳台的墙边晾晒。我家照片墙上有许多她在削皮、切菜、洗鞋、洗袜子的照片，这是对她的鼓励。

一次，我正在洗衣服，桔子在拖地。

爸爸叫：“宝宝来，我跟你一起玩儿。”

桔子回答道：“爸爸来，一起拖地，有事一起做才开心。”

这是一种劳动，更是一种乐趣，一种成长。孩子在用他的参与表明：看，我会了，我能做，我真棒；我长大了，会和爸爸妈妈一起劳动了，我也是家里的一分子了。这样，在你做事的时候她才会看到，才会动起来，才会说：“妈妈你辛苦啦。”

我不仅要桔子做事，有时小朋友来家里做客时，我也会让他们把帮忙备菜当作游戏来玩。

有一次，桔子请了两个小朋友来做客，因为当天上班很忙，菜还没买。所以接了他们三个以后，我请他们和我一起到小区里的菜店买菜。他们开心地来到菜店，选自己喜欢吃的菜。

我按照他们的要求买了菜。回家后我为他们分派了任务，有的要帮忙洗菜，有的要择菜，有的要削皮。

有人会疑问，3个4岁的小孩，做这么危险的事？可事实证明，他们不仅很乐意做，而且做得很好。

先是两个小朋友负责洗菜。黄瓜皮上有小刺，我给了他们海绵，这样既可以洗干净黄瓜表面，又不会让小手受伤。接着剥包心菜，我教他们把脏叶子剥掉，洗干净，然后制作手撕包心菜（难得，平时我还没时间撕呢）。桔子负责削黄瓜皮，她可是老手了，削得又快又干净。最后，小朋友们轮流切黄瓜。

我拿出一把平时切水果用的小型水果刀，将案板放在客厅的茶几上。然后，他们轮流握着刀，我握着他们的小手，教他们切。他们会自动挪开另一只手，以避开切近的刀。

备菜过程就这样轻松愉快地完成了。

当看着自己亲手准备的菜炒好后香喷喷地端上桌，小朋友们都吃得很香，还回忆着备菜时的情形，讨论着黄瓜片的厚薄，议论着哪片是谁切的。

参与生活，感受生活，热爱生活，这本身是生活的一部分。通过对生活的参与，孩子能体验到你对他的耐心、照顾，会主动表达感谢，会说：“妈妈你真好，妈妈谢谢你。”到中班下学期她们还会主动向老师表示：“老师辛苦了，我来帮你拖地。”

赵宏老师点评

当今社会舆论常批评独生子女太自我、独立性差、生存能力差、依赖性强……但这些都不是他们的本质使然，而是家庭教育的缺失所导致的。全家人围着他们转，没有教会他们宽容和理解他人，他们学会的自然是自私；所有事情父母包办，他们养成了依赖的思维定式，自然不会独立；他们不劳动，不做家务，没有机会独立面对挫折，生存能力当然差……真正的爱孩子不是让他们不经风雨，不劳筋骨，而是让他们积极参与生活，学会生存技能，培养健康心态。

后记：科学养育孩子，任何时候都不晚

▼

您看完本书后，可能会深深地感叹：我错过了孩子成长中的许多敏感期，现在已经太晚，要是能重来一遍就好了。

我想告诉你的是：一切都不晚。

孩童对世界的认知不是何时始、何时终的，它是一个持续发展的过程，只是有些时候发展得特别快、感受力特别强，有些时候发展得比较慢、感受力比较弱。如果我们没有抓住那些“特别快、特别强”的时期，也不要气馁，不要放弃。比如，有的小朋友在婴幼儿时期没有建立起自主阅读习惯，到中班时还在撕书，我们可能在他4~8岁要付出更多的时间与耐心，陪伴他看书，念书给他听，到8岁也就是小学二年级以后，他也能建立起自主阅读的习惯。

还有一些敏感期，在敏感期到来的初期我们没有意识到，搞不明白孩子怎么变了，他怎么和以前不一样的，甚至他怎么“变坏了”。现在我们意识到了，我们就要转变思想，改变做法，用理解、尊重的方式去对待孩子的发展需求。比如，她“现在经常谈论结婚、总是要扮成公主，这些到底是谁教她的？我告诉她现实生活中是没有公主的”！如果我们知道了这是孩子社会化进程的必经之路，是社会认知的正常表现，我们就会收回异样的眼光，转而与孩子讨论一些婚姻中的规则，讨论家庭构成及成员相互间的关系。我们也可以告诉孩子，“公主”不是一天炼成的，不是穿上公主裙立刻就可以变成的，公主身上所具备的优秀品质需要孩子长期努力才能具备，直至她成长为自己心中真正的公主。

一些智能的早期激发，比如，阅读、说话、绘画、音乐、运动……可能在孩子婴幼儿时期我们没有意识到，或者没有找到合适的方法，现在孩子已经五六岁了，是否就无法弥补了呢？我想说如果放弃了，那就真的错过了。我们还可以从头做起，从最简单、最基础的做起：重新练习把一幅画看清楚，练习把话说完整，练习从最基础的色块、形的表达开始，练习从听简短的、单一乐器演奏的音乐开始……

还需要做的一件重要的事，就是坐下来静静地、好好地回顾一下你与孩子一同走过的这几年的路，回想一下他在情绪、性格、心理方面的状态，以及你做了什么，你应该怎样调整，你还应该做什么。

孩童就是父母的镜子，现在，依着他的模样，照一照你自己。

另外，孩子小时候即使在某些领域有一些成绩，并不意味着他将来就一定能“成名成家”。从前面的文章中，大家能看到桔子的绘画能力表现得较为突出，但我并不因此觉得她以后就必须当“画家”。正如我们知道绘画是儿童的第二语言，因为说不出，因为不会写字，所以她才用画表达了。因此我认为她的画更多的是思想、是感受。再如，桔子现在的节奏感、音准都很好，还很热衷自己作词作曲、即兴演唱、演奏，但我也不因此就认为她将来要怎样怎样，因为成长之路有无数种可能。

回望大女儿的音乐之路，也是同样的感触。卡拉虽然5岁起开始练习弹钢琴，但只练到8级就停止了；卡拉虽然有各种歌唱比赛获奖的经历，但也还达不到出类拔萃的高度。但正是因为有了多种形式的音乐经历，她才建立起了良好的音乐感知，从而在音高、音色、音准、节奏以及音乐表达方面有了融会贯通的能力，使她今天有了走声音之路的可能。

在本书写作过程中，我得到了许多专家、学者的鼓励；也得到了很多家长的支持，他们积极地与我讨论，为我提供了大量案例。

孩子还在成长，实践还在继续，我也会继续努力。

徐小东

2019.7